有效社交：人际关系心理学

〔美〕艾瑞克·伯恩◎著

张　颖◎译

河北科学技术出版社

·石家庄·

图书在版编目（CIP）数据

有效社交 : 人际关系心理学 / （美）艾瑞克·伯恩
著 ; 张颖译 . -- 石家庄 : 河北科学技术出版社 , 2024.
6. -- ISBN 978-7-5717-2106-0

Ⅰ . C912.11-49

中国国家版本馆 CIP 数据核字第 2024SV4063 号

有效社交：人际关系心理学
YOUXIAO SHEJIAO : RENJI GUANXI XINLIXUE

（美）艾瑞克·伯恩　著　张颖　译

责任编辑	李　虎
责任校对	徐艳硕
美术编辑	张　帆
封面设计	寒　露
出版发行	河北科学技术出版社
地　　址	石家庄市友谊北大街 330 号 （邮编：050061）
印　　刷	河北万卷印刷有限公司
开　　本	880mm×1230mm　1/32
印　　张	7.25
字　　数	150 千字
版　　次	2024 年 6 月第 1 版
印　　次	2024 年 6 月第 1 次印刷
书　　号	ISBN 978-7-5717-2106-0
定　　价	58.00 元

译者序

很荣幸有机会能够翻译这部影响深远的心理学著作 *Games People Play*。人际交往中总是充满了各种错综复杂的情绪和角色游戏，而这部作品则对它们进行了深度揭示。本书的作者艾瑞克·伯恩博士是心理学领域的权威，他在这部作品中精心分析了我们日常生活中所遇到的各种心理"游戏"，并给出了深入理解的途径。在了解本书之前，有必要对艾瑞克·伯恩的生平做一个简单了解。艾瑞克·伯恩1910年出生于加拿大蒙特利尔，父亲是一名医生，母亲是一位作家。在家庭环境的熏陶下，伯恩从小就展现出了对医学的浓厚兴趣，在父亲去世后，九岁的伯恩立志要成为一名医生。

1935年，伯恩大学毕业，并迁居美国接受专业的精神科医生的培训。1941年，他开始进修精神分析学，但随着第二次世界大战的爆发，这一进修被打断。战后，伯恩继续投身于精神分析研究中，同时开始了写作并发表论文。1956年，伯恩申请加入专业精神分析中心，却被拒绝，这一事件促使他开始寻找新的心理治疗方法。这种探索最终促进了人际交互分析学诞生，即 TA 理论（Transactional Analysis，简称 TA），TA 理论主要由结构分析、交互分析、心理游戏和人生脚本等方面构成。

TA 理论的结构分析，主要目标是刻画个体的人格状态。伯恩将人格状态分为三种类型：父母自我状态、成人自我状态和孩子自我状态。这三种自我状态在社交环境中可呈现出同一个体的三种基本行为模式。

TA 理论的交互分析主要研究的是人们在不同自我状态下与他人的交流方式。根据伯恩的理论，交互方式可分为三种：互补交互、交错交互和隐匿交互。其中，互补交互是人际交往中最理想的交流方式，每个人都在预期的自我状态中行动，沟通往往非常流畅。在交错交互的情况下，一个人的行为与对方预期的自我状态不符，导致沟通出现障碍。隐匿交互，从表面上看类似互补交互，但通过更深层次的交往，就会发现一个人正试图以一种不明显的方式控制或操纵另一个人，这就是隐匿交互。

Games People Play 正是 TA 理论关于游戏分析的最早的专著，于 1964 年出版。本书中的"游戏"并非我们固有认知中的娱乐游戏，而是指我们在日常生活中与他人互动时所表现出的某种行为模式。这些"游戏"通常以一种看似无害的交流开始，但最终却导致一种不愉快的结果。游戏通常由

一个人发起，并需要至少一个人来参与。尽管是具有建设性意义的"游戏"，也可能会导致人们在人际交往中出现各种问题，进而影响精神状态。

怎样将这种游戏与生活中的其他模式予以区分呢？笔者认为可通过"游戏"的几个特点来进行：

第一，一般来说，处在游戏中的人并不自知，至少表面上看并不是有意制造冲突。

第二，游戏结局往往十分混乱，玩家都有一种挫败感，甚至开始互相指责。

第三，游戏是一再重复的。每个人都会把自己最熟悉的"游戏"一玩再玩，尽管人物和场景会发生改变，但游戏的形态是一样的。

第四，玩家之间都有"隐藏式的交互"。在表面的沟通下，往往传递的是隐藏的讯息。

"游戏"并非人们刻意安排的，而是在特定的人际交往中，根据自我状态和互动的需要，自然而然发生的一种现象。在交往过程中，为了满足心理需求，比如获取认可、避免孤独，或是寻求刺激，人们会不自觉地参与到这些"游戏"中。

从心理需求的角度来看，人们对于人际交流、对于认可的渴望是天性。而这些游戏，尽管会带来某些负面的效果，但却能够在短期内满足这些需求。例如，能带来瞬间的关注，或者短暂地满足一些人对于占主导地位或是操控他人的需求。人们在"游戏"中可以获得一种感觉，好像他们正在影响着他人，或是他人在乎他们的行为和观点。这种感觉会让他们觉得自己的存在是有价值和意义的。

然而，尽管"游戏"可能在短期内会带来某种程度的满足感，但从长远看，这些"游戏"往往会导致人际关系的紧张和疏远，甚至可能引发更严重的心理问题。因此，对于"游戏"，人们应保持清醒的认识，避免过度参与，而是应当寻求更健康、更积极的人际交往方式，以实现真正的心理需求的满足和个人成长。

艾瑞克·伯恩在书中阐述了以上观察和发现，并列举了各式各样的游戏模式，给它们赋予了生动形象的名称。同时，他还详细地分析了每一种人际互动的标准过程，并提出了避免或打破游戏的方法。

虽然 *Games People Play* 在伯恩的理论发展过程中仍处于探索阶段，但它无疑是伯恩的理论的一个重要里程碑，也为伯恩赢得了广泛的公众知名度。因为读者通过深入理解这些"游戏"，更好地理解了自己和他人，提高了人们的人际交往能力，体现出更好的人生状态。

在翻译这部作品的过程中，本人被伯恩博士的洞察力和学识所深深打动。他对人类心理的深入理解和透彻洞察，揭示了人际交往中的种种难题，并通过游戏分析给出了解决这些难题的方法。因此，本书是一部有关人际关系心理学的精神宝典，无论你是心理学专业人士，还是对人际交往有深入研究的普通读者，通过阅读本书，通过复原游戏，都将给你深深的启发，并帮助你实现有效社交。

　　的确，伯恩博士在书中探讨的不仅仅是人际关系中的游戏和角色扮演，更重要的是如何通过了解这些游戏和模式来实现更有效的社交。本书正是通过分析心理游戏，提供了一种理解和改善人际关系的路径，使人们能够更加理解自己和他人，从而实现更加有效的社交。因此，我决定将 *Games People Play* 译为《有效社交：人际关系心理学》，以期充分准确地传达书中所涉及的主题和内容。

　　对于本书内容，为忠实原著，本人已尽可能地使文本适应中文读者的阅读习惯，力求能传达出伯恩博士的原意，让读者更好地理解这部作品。如果在阅读过程中发现任何问题，欢迎各位读者批评指正，本人将非常感谢大家的反馈。

　　最后，本人想对所有参与出版这部作品的人表示感谢，在大家的共同努力下，才让这本书得以面世。同时，要对所有阅读这部作品的读者表示感谢，是你们的关注和支持使这本书得以传播。希望广大读者在阅读本书的过程中，能够获得新的启示和收获。

译者

2024 年 1 月

作者序

本书原本主要想设计为我之前的著作《心理治疗中的交互分析》[1]的续作，但也做了精心安排，使其可以被独立阅读和理解。游戏分析和清晰理解所需的理论在第一部分进行了总结；第二部分介绍了各种独立游戏；第三部分在原有资料的基础上添加了新的临床和理论资料，使我们即使在无游戏情境下也能进行一定程度上的理解。希望进一步了解背景的读者可以参考《心理治疗中的沟通分析》这部早期作品。读过这两本书的人会注意到，本书除了理论上的进步外，在术语和观点上也有一些小小的改动，这是基于结合新的临床资料，进一步思考和阅读的结果。

本书的出版源于学生和听众对游戏列表的强烈兴趣，以及他们对更深入地阐述在沟通分析原理中简要提及的游戏的强烈需求。总的来说，我要向那些学生和听众表示感谢，尤其要感谢那些揭示、发掘或命名新游戏的病人。我特别感谢芭芭拉·罗森菲尔德女士，她为我们提出了许多关于倾听的艺术和意义的想法；我还要感谢梅尔文·博伊斯先生、约瑟夫·康卡农先生、富兰克林·恩斯特博士、肯尼斯·埃弗茨博士、戈登·格里特尔博士、弗朗西斯·马特森女士和雷·波因德克斯特博士等人，他们通过他们的工作独立地揭示或证实了许多游戏的重要性。我特别要提到克劳德·斯坦纳先生，他曾经是旧金山社会精神疗法研讨会的研究主任，现在是密歇根大学心理学系的成员。他通过实验，证实了本书中许多理论观点的精确性，这些实验极大地帮助我们理解了自主性和亲密性的本质。我还要感谢研讨会的秘书长和财务主管维奥拉·利特女士，以及我的个人秘书玛丽·N.威廉姆斯女士对我的持续帮助，以及安妮·加勒特在校对过程中的协助。

语义

为了简洁明了，本书将主要从男性视角描述游戏，除非某些游戏明显具有女性特性。因此，"他"通常被用作主要的参与者，但这并无任何偏见之意。除非特别指出，否则这些情境也可用"她"来描述，因为环境改变，情况也随之改变。如果女性的角色与男性有显著差异，我们会单独进行讨论。同样，治疗师在本书中也被无偏见地称为"他"。书中的词汇和观点主要是针对实践型临床医生，但其他专业的人士可能也会发现这本书十分有趣且有用。

我们需要清楚地区分交易式游戏分析与其正在发展的相邻学科——数学游戏分析，尽管我们在文中使用了一些如

"payoff"（在游戏理论中，特指某个策略的结果或回报）等现已在数学中被接受的术语。有关数学游戏理论的详细回顾，请参阅 R.D. Luce 和 H. Raiffa 的《游戏与决定》[2] 一书。

加利福尼亚州卡梅尔

1962 年 5 月

注释:

[1] Berne, E.*Transactional Analysis in Psychotherapy.*Evergreen, 1961.

[2] Luce, R. D. and Raiffa, H. *Games & Decisions.*Chapman & Hall, 1957.

引 言

1. 社交交往

在我所撰写的《心理治疗中的交互分析》[1]一书中，我详细阐述了一种社交交往理论。基于斯皮茨[2]的研究，我们知道长期缺乏身体接触的婴儿会出现不可逆转地退化，最终死于各种并发症。简单地说，这表明情绪剥夺可能会导致致命的后果。这种观察使我们引入了"刺激需求"的概念，并进一步指出，最受欢迎的刺激通常来自身体接触，这个结论与日常生活经验相符。

我们还可以观察到一个相关现象，那就是对成年人的感官刺激的剥夺。一些实验已经证明，这种剥夺可以引发短暂的精神疾病，或者至少可以导致临时的精神功能障碍。在这之前，就发现被判处长期孤独监禁的人，由于社交和感官的剥夺而产生过类似的效果。[3, 4]事实上，即使是对肉体暴行有适应能力的囚犯，也极度害怕单独监禁，这是一种诱导政治顺从的手段。（反过来，社会组织被公认为是抵制政治顺从的最有效的武器。）[5]

从生物学角度来看，情绪和感官的剥夺可能会导致体内变化加速。如果脑干的网状激活系统 [6] 没有受到足够的刺激，神经细胞可能会出现退化，至少是间接性的退化。这可能是营养不良所产生的一个次生效应，但营养不良本身可能是冷漠的产物，例如消瘦症患者。因此，我们可以推断出一条从情绪和感官剥夺到冷漠，再到退化和死亡的生物学连锁反应。在这个意义上，刺激需求与食物需求对于人类生存来说同等重要。

事实上，从生物学、心理学和社会学的视角看，刺激需求在很多方面与食物需求相平行。我们可以轻易地将"营养不良""饱足""美食家""大胃王""食物爱好者""禁欲主义者""烹饪艺术""好厨师"这些词汇从营养领域的概念转移到感觉领域，过度饮食的概念也可对应到过度刺激的情境。在一般条件下，如果有充足的供应和多样化的选择，个体的选择将受到其特性的影响。虽然这些特性可能部分由生理因素决定，但这并不妨碍我们现在所讨论的问题。

社会精神科医生关注的是，当婴儿在正常的生长过程中与母亲分离后会发生什么改变。我们可以用通俗的语言 [7] 来概括之前所述："如果你缺乏接触和抚摸，你的神经系统会衰退。"因此，当与母亲的亲密接触结束后，个体在其余生命中会面临一个困境，其生存和命运将在这个困境的两个极端摇摆不定。一方面，社会、心理和生物的力量会阻止他像婴儿时那样保持物理亲密；另一方面，他会永远保持对亲密的追求。大多数情况下，他会找到一个妥协的方式，学会接受更微妙，或者是象征性的接触，哪怕是微不足道的肯定也能在一定程度上满足他的需求，然后将对物理接触的原始需求暂时掩藏在心中。

这种妥协过程可以被赋予各种名称，如"升华"，但无论我们称之为何，结果都是将婴儿的刺激需求部分转化为我们可以称之为认同需求的东西。随着妥协过程变得越来越复杂，每个人在追求认同的过程中也会变得越来越具有个性，正是这种差异性为社交互动带来了多样性，并塑造了个人的命运。比如，一位电影演员可能需要每周从无数匿名的崇拜者那里得到数百次肯定，以维持他的神经系统健康，而一位科学家可能只需要每年从一个受人尊敬的专家那里得到一次肯定就足以保持身心健康。

"抚慰"可以被视为亲密的身体接触的普遍术语，实际上，它可以表现为各种形式。有些人会采取真正地抚摸，如抚摸一个婴儿，有些人可能会拥抱或轻拍婴儿，而有些人则可能会戏谑地捏婴儿或用指尖弹婴儿。这些在交流中都有相应的对应形式。因此，我们似乎可以通过听一个人说话来预测他会如何接触一个婴儿。通过扩大含义，"抚慰"可以被用于口语中，来描述社交交往。

从游戏理论的角度看，这里出现的原则是任何形式的社交交往都比无社交交往更具有生物学上的优势。S. 勒温 [8] 的一些在老鼠身上的重要实验证明了这一点，这些实验不仅显示了物理、心理和情感发展，还显示了大脑的生物化学乃至对白血病的抵抗力都会受到交往的影响。这些实验的重要之处在于，温和的处理和痛苦的电击在促进动物健康方面同样有效。

该实验对我们上述所讨论的内容给出验证，这让我们可以信心百倍地进入下一节的讨论。

2. 时间结构

假设我们承认婴儿接受抚摸的方式和成人所接受的对等概念——认同，都对生存有着同等重要的价值。那么，我们应该如何应对接下来的问题呢？通俗地说，人们在彼此问候之后，接下来应该做什么呢？不论问候是像大学生之间那种简短的一句"嗨！"，还是一种能持续几个小时的东方礼节，在满足了对刺激和认同的需求之后，接下来面临的都将是结构需求。青少年长期以来面临的问题是："在问候之后你应该和他 / 她说些什么？"其实不只是青少年，对很多人来说，这种社交间隙期可能是最不舒服的，因为那是一个没有结构的、沉默的时间间隙，此时此刻，人们可能找不到比"不觉得今晚的墙壁格外垂直吗？"更有趣的话题了。

人类永恒的问题就是如何组织自己的清醒时间。在这个意义上，所有社交生活的功能就是帮助彼此完成这项任务。对时间结构的操作可以被看作一种编程，它包含三个方面：物质、社会和个体。最常见、最方便、最舒适、最实用的时间结构方式是通过一个处理外部现实物质的项目，即通常意义上讲的"工作"。这类项目在技术上应严格被称为活动，"工作"一词可能不是最恰当的表述，因为从社会精神病学的视角来看，社交交往本身也是一种形式的工作。

物质编程源自应对外部现实中所遇到的变迁；只有当这种活动为"抚慰"、认同和其他更复杂形式的社交交往提供了社会框架时，它才引人入胜。物质编程并不是一个社交问题，它在本质上更多表现为数据处理，就像建造一艘船的活动需要一系列精确的测量和概率估算，任何发生的社交交流都必须服从这些规定，以保证建造过程有序进行。

社会编程促使了形式或半形式的交流习惯的形成，其主要标准是当地的接受程度，这在通俗的语言中被称为"良好的礼仪"。全世界的父母都会教导他们的孩子如何礼貌待人，包括恰当地与人打招呼、吃饭、如厕、求爱和哀悼，以及如何约束或赞成地进行有关这些主题的交谈。这些约束和赞成有些是世界性的，有的是地域性的，它们共同构成了一种策略或外交技巧。比如，在饭桌上打嗝或问候他人妻子的行为是否适当，就取决于当地的传统。事实上，这两种具体的行为之间存在着高度的反关联性，那些在餐桌上打嗝可以被接受的地方，当询问关于女人的问题时通常被认为不适当；反之，在那些询问关于女人的问题被接受的地方，餐桌上的打嗝则被认为不适当。通常，正式的仪式先于半正式的话题，后者往往被称为消遣，我们可以此将两者进行区分。

当人们对彼此的熟悉程度逐渐增强时，个体编程的影响力也随之增大，因此开始产生各种各样的事件。这些事件在表面上看起来似乎是偶然发生的，参与者也可能如此描述，但如果仔细观察，你会发现它们通常遵循一种明确的模式，可以进行排序和分类，并且这种序列受到未明确提及的规则和规定的限制。无论是友好的还是敌意的行为，只要符合规则，这些规则就会保持潜在的状态，一旦出现违反规则的行为，规则就会变为显性，并引发象征性的、口头上的或法律上的"犯规"的喊声。与消遣活动相比，这种序列更多地依赖于个体编程，而不是社会编程，我们可称其为游戏。家庭生活、婚姻生活以及各种组织生活可能都是基于同一游戏的不同版本，然后一年又一年地重复下去。

承认大多数社交活动都由游戏构成，并不一定意味着它们大多数都是"有趣的"，也不意味着参与者可以不用认真地参与其中。人类游戏的核心特性不是情感欺骗，而是情感是可约束的。这一点在情绪表达因不合规则而受到惩罚时便会显现出来。游戏可能具有十分可怕的甚至是致命的严肃性，但社会制裁只在破坏规则时才会变得严肃。

消遣和游戏在很多情况下被视为真实亲密关系的替代物。正因为如此，它们往往被认为是初始的、表面的交往形式，而非真正的深层连接，这也就是为什么它们被视为一种更深层次的游戏形式。当个体的编程（通常是本能的）变得更为强烈，超越了社会模式和隐含的限制和驱动力时，亲密关系便开始建立。亲密关系是对刺激需求、认同需求和结构需求的唯一全面回应。它的原型可以在孕育爱情的行为中找到。

结构需求具有生存价值，刺激需求也一样。刺激需求和认同需求反映了避免感官和情绪饥饿的需求，这两种需求都可能导致生物体的衰退。结构需求揭示了避免无聊的必要性。克尔凯郭尔[9]曾指出，危害性来自无结构的时间。无聊持续相当长一段时间，就会成为情绪需求的同义词，并产生相同的后果。

独立的个体可以通过两种方式来安排时间：活动和幻想。有的人，即便有其他人在场，也依然感到孤独。这一点，相信每个教师都深有体会。当一个人成为由两人或更多人组成的社会群体的一员时，他就有多种结构化时间可以选择。按照复杂性的程度，可以分为以下几点：①消遣；②游戏；③亲密；④活动，这些共同构成它们的基础框架。群体的每一个成员都希望通过与其他成员的互动尽可能地得到满足感。他与他人接触得越多，就越能较多地收获满足感。他的社交操作或"获益"主要依赖于自主编程。某些"满足感"是在类似自我伤害这样的编程下获取的，这种情况下的"满足感"很难从我们通常理解的"满足感"中被辨识出来。那么此时，使用一些更为中立的词语如"获益"或者"优势"来替换它可能更为恰当。

社会接触的优势主要围绕身体和心理的平衡展开。它们与以下因素有关：①缓解紧张；②避免有害情境；③获取抚慰；④维持已建立的平衡。所有这些问题已经由生理学家、心理学家和精神分析家进行了大量的研究和讨论。如果转化为社会精神病学的术语，它们可以被描述为以下几种：①主要的内在优势；②主要的外在优势；③二级优势；④存在的优势。前三者与弗洛伊德描述的"疾病获益"相对应：分别是内在的妄想症益处、外在的妄想症益处和心病益处。[10] 实践已经表明，从获得的优势的角度来调查社会交易比将其视为防御操作更有用，更有启发性。首先，最好的防御是完全不参与交易；其次，"防御"的概念只覆盖了前两类优势的一部分，第三和第四类优势以及其他的，从这个观点来看都会被忽视。

从经验看，最令人满足的社会接触形式都是游戏和亲密关系，无论它们是否嵌入在活动的情境中。持久的亲密关系很少，即使有，它主要也是私人的事；有意义的社会交往最常以游戏的形式出现，这也是本书在此主要关注的主题。关于时间结构的更多信息，可以参考本人关于群体动力学的著作。[11]

注释：

[1] Berne, E. *Transactional Analysis in Psychotherapy.* Evergreen, 1961.

[2] Spitz, R. "Hospitalism: Genesis of Psychiatric Conditions in EarlyChildhood", *Psychoanalytic Study of the Child*, 1: 53−74, 1945.

[3] Belbenoit, Rene, *Dry Guillotine*, Cape, 1938.

[4] Seaton, G. J. *Scars on my Passport.* Hutchinson, 1951.

[5] Kinkead, E. *Why they Collaborated.* Longmans, 1960.

[6] French, J. D.*The Reticular Formation*, Scientific American, 196:54−60, May 1957.

[7] The "colloquialisms" used are those evolved in the course of time atthe San Francisco Social Psychiatry Seminars.

[8] Levine, S. "Stimulation in Infancy" . *Scientific American*, 202: 80−86, May 1960.

Levine, S. *Infantile Experience and Resistance to Physiological Stress.* Science, 126:405, 30 August 1957.

[9] Kierkegaard, S. *A Kierkegaard Anthology*（ *ed. R. Bretall* ）. Princeton University Press, 1947, pp. 22ff.

[10] Freud, S. *General Remarks on Hysterical Attacks.* Standard Edn，n. Hogarth Press, London, 1955.

Freud, S. *Analysis of a Case of Hysteria.* ibid. Ⅵ , 1953.

[11] Berne, E. *The Structure and Dynamics of Organizations and Groups*, Pitman Medical, 1963.

目　录

第一部分　游戏分析

第一章　结构分析

　　在观察自发的社会活动时，不难发现人们在姿态、观点、声音、措辞和其他行为方面会表现出显著的变化，而这些变化往往是伴随着情绪的转变发生的。在某个特定的个体中，一套行为模式对应着一种心态，而另一套行为模式则与另一种心理态度有关，且这种常常与前者相矛盾。这些变化和差异引出了"自我状态"的概念。

　　用专业术语来描述，自我状态从现象学的角度看，可以被描述为一套连贯的情感系统；从操作性的角度看，可以被描述为一套连贯的行为模式。更实际的说法是，它是一套伴随着一系列相关行为模式的情感系统。每个个体似乎都有一套有限的自我状态供其使用，这些并非角色扮演，而是心理现实。这些自我状态可以被分成为以下几类：①类似于父母形象的自我状态；②独立、客观地评估现实的自我状态；③成型于早期童年时代，仍然保留着古老遗迹，且依然活跃的自我状态。专业地来讲，这些分别被称为外在心理、新心理和古早心理的自我状态。在日常口语中，它们被称为父母自我状态、成人自我状态和孩子自我状态，这些简单的术语适用于正式讨论之外的所有场合。

因此，我们可以认为，在任何特定时刻，一个社会群体中的每个个体都会表现出父母、成人或孩子的自我状态，并且个体可以在各自我状态之间进行不同程度的切换。这些观察结果引出了一些诊断性的声明。"这是你的父母自我状态"就意味着"你现在的心态和你的父母（或父母的替代者）过去的心态相同，你的反应也如同他们一样，有着同样的姿态、手势、措辞、情感等"。"这是你的成人状态"则意味着"你刚刚独立地、客观地评估了情况，并以无偏见的方式陈述了你所察觉到的问题，或者你得出的结论等思维过程"。"这是你的孩子状态"意味着"你的反应方式和意图与你小时候相差无二"。

以上观察所包含的意义是：

1. 每个人的内心深处都藏有他们的父母（或者父母的替代者）的影子，这是一种自我状态的复制，能复制他们所感知到的父母的自我状态，当情况需要时，这种父母的自我状态可以被激活（即外在的心理功能）。通俗来说，即每个人内心都携带着他的父母的影子。

2. 无论是儿童、智力障碍者还是精神分裂症患者，每个人都有进行客观数据处理的能力，只要激活了相应的自我状态（即新的心理功能）。通俗来讲，即每个人的内心都有一个成人的自我状态。

3. 无论男女，每个人都曾经年轻过，他们的内心中都包含了从早年起就形成的一种自我状态，这种状态在特定的情况下可以被激活（即古早心理功能）。可通俗理解为，每个人的内心都携带着一个小男孩或小女孩的自我状态。

基于此，我们可以绘制出图 1（a），也就是我们所称的结构模型图。从现在的角度来看，这个图可以完整地展示一个个体的个性特征。它包含了个体的父母自我、成人自我和孩子自我状态。这些自我状态由于其差异性和不一致性被严格地分隔开来。对于没有经验的观察者来说，这些区别一开始可能不太明显，但只要愿意投入时间去学习结构诊断，这些区别都会让人觉得非常惊奇且产生兴趣。在接下来的描述中，我们将会用"父母""成人"和"孩子"来指代实际的人，而在引用自我状态时，我们将使用首字母大写的"父母""成人"和"孩子"来表示。（作者指 parent、adult、child 三个单词——译者注）图 1（b）则是一个简化的结构模型图。

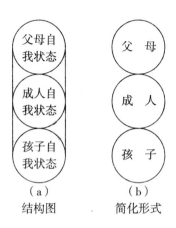

（a）　　　　　　（b）
结构图　　　　　简化形式

图1　结构模型图

在我们结束结构分析的讨论之前，有必要提到一些更为复杂的情况。

1. 在进行结构分析时，我们避免使用"孩子气"这个词，因为它往往带有强烈的贬义，给人一种需要立即停止或消除的感觉。相反，我们选择使用"孩子般"来描述孩子这一古老的自我状态，因为这个词更具有生物性，且不含有偏见。实际上，孩子是人格中最有价值的部分之一，在许多方面都能对个体生活产生积极影响，其贡献可以与真实的孩子对家庭生活的贡献相提并论，包括魅力、快乐和创造力。如果个体中的孩子状态失调或不健康，后果可能会不堪设想，但我们可以且应该对此采取行动。

2. 这种观点也同样适用于"成熟"和"不成熟"这两个词。在我们的理论框架中，不存在所谓的"不成熟的人"。

只存在那些由孩子状态不适当或无效地接管的人，但这些人都拥有一个完整且结构良好的成人状态，只是需要被发现或唤醒。相反，所谓的"成熟的人"是指那些能让成人状态在大部分时间内保持掌控的人，但他们的孩子状态也会在某些特定时刻接管，这常常会带来出人意料的结果。

3. 我们必须注意到，父母状态有两种表现形式：直接和间接。当其以直接方式活跃时，人们会仿照他的父母（或替代父母者）的实际反应方式进行反应，即"照我做的去做"。当其以间接方式发挥影响时，他会按照父母期望他应有的反应方式去反应，即"不要照我做的去做，要照我说的去做"。在第一种情况下，他变成了父母的一员；在第二种情况下，他努力适应了父母的期待。

4. 孩子状态也存在两种表现：适应型孩子和自然型孩子。适应型孩子在父母的影响下改变了他的行为，满足了父母（或替代父母者）期望的行为，如过于服从或早熟；或者，他还可以通过退缩或抱怨来进行自我调整，尽量适应。因此，父母的影响是原因，造成了适应型孩子这样一个结果。自然型孩子更多地表现为无拘无束，如反抗精神或极富创造力。醉酒之后往往能证实这种结构分析的观点：醉酒后个体能从父母状态的束缚中得到释放，从而使适应型孩子从父母的影响中解脱出来，并通过释放变为自然型孩子。

有效的游戏分析通常无需超越以上涉及性格结构的概述。自我状态是正常的生理现象，大脑是心理生活的器官或协调者，它以自我状态的形式组织和存储其产出。彭菲尔德及其同事的一些研究已经为此提供了具体证据。[1, 2] 人的各种经验在各个层次上有其自己的分类系统，如事实记忆，但经验本身的自然形态是存在于不断变化的心态中的。每种类型的自我状态都对人体有着独特的生命价值。

在孩子状态中存在着直觉 [3]、创造力、自发的驱动力和享受的乐趣。

对于生存来说，成人的自我状态是必不可少的。它可以处理数据并计算应对外部世界的概率，这些都是生存所必需的。成人的自我状态也会经历各种的挫折和满足，例如，在过马路的过程中，我们需要处理一系列复杂的速度数据，直到计算结果显示可以安全地到达对面，人们才会采取实际行动。这种类型的成功计算为滑雪、飞行、航行和其他移动运动带来了满足感，因此有些人会乐在其中。成人自我状态的另一项任务是调节父母自我状态和孩子自我状态的活动，并在这两者之间进行公正的调解。

父母的自我状态具有两个主要功能。首先，它使个体作为孩子的父母开展真实有效的活动，从而确保人类的繁衍生息。这一价值表现在那些幼年丧失父母的人在养育孩子方面，似乎比那些在青少年期间拥有完整家庭的人更加困难。其次，父母的自我状态可以做出许多自动的反应，因此节省了大量的时间和精力。许多事情被做的原因是"这就是我们应该遵循的方式"，这样就避免了成人的自我状态做无数琐碎决定的必要，使其可以专注于更重要的问题，把日常事务交给父母的自我状态处理。

　　因此，人格的这三个方面都具有极高的生存和生活价值。只有当其中某一方打破了健康的平衡时，我们才需要进行分析和重组。每个部分，无论是父母、成人还是孩子的自我状态，都应被平等尊重，并在丰富而有意义的生活中占据合法的位置。

注释：

[1] Penfield,W. "Memory Mechanisms". *Archives of Neurology & Psychiatry*,67: 178–198,1952.

[2] Penfield, W. and Jasper, H. *Epilepsy and the Functional Anatomy ofthe Human Brain*. Churchill, 1954, Chapter 11.

[3] Berne, E. "The Psychodynamics of Intuition", *Psychiatric Quarterly*,36: 294–300,1962.

第二章　交互分析

　　我们将社交互动的基本单位称为"交互"。如果两个或两个以上的人在社交场合中相遇，总会有人率先开口说话，或以其他方式表示他们已认识到了其他人的存在。这被称为"交互刺激"。随后，另一个人会通过说话或行为来响应这个刺激，我们称之为"交互反应"。在简单的交互分析中，我们关注的是确定哪种自我状态发起了交互刺激，又是哪种自我状态发起了交互反应。

　　最简单的交互刺激和反应都来自各方成人自我状态的交互。例如，一名手术医生根据他面前的数据，判断现在应该使用手术刀，于是他伸出手来。回应的人正确地评估了这个手势，估计了所需的力度和距离，于是将手术刀的把手放在手术医生预期的地方。稍微复杂一些的是孩子与父母的交互。比如，一个发烧的孩子想要一杯水，慈爱的母亲随即便递给他水喝。

　　这两种交互都是互补的，意味着反应是适当且预期的，这符合健康人际关系的自然顺序。第一种，被分类为互补交互类型Ⅰ。第二种，被归为互补交互类型Ⅱ，如图2（a）所示。但是，通常交互是链式进行的，每个反应都会成为新的刺激。沟通的第一法则是，只要交互是互补的，沟通就会顺利进行。其推论是，只要交互是互补的，理论上沟通可以无限期地进行。这些法则与交互的性质和内容无关，它们完全基于涉及的向量的方向。只要交互是互补的，无论两个人是在进行评头论足的闲聊（父母与父母自我之间）、解决问题（成人与成人自我之间）还是一起玩耍（孩子与孩子或父母与孩子自我之间），对法则来说都是一样的。

　　相反，当出现交叉交互时，沟通就会中断。最常见的交错交互类型Ⅰ（如图3（a）所示），也是在婚姻、爱情、友谊或工作中造成并持续引发大部分社会困扰的交互类型。这也往往是心理医生关注的焦点，它以精神分析中的经典移情反应为典型。比如，这种成人与成人自我的交互刺激："也许我们应该找找你最近喝酒变多的原因"或"你知道我的袖扣在哪吗？"理想的成人与成人自我间的反应应该是："的确应该，我也想知道原因！"或"大概在书桌上"。但如果应答者突然情绪失控了，反应可能会是这样的："你为什么总是批评我，就像我的老父亲一样"或"你总是把一切都怪罪于我"。这两种应答都属于孩子与父母自我类型的反应，如交错交互图3（a）表所示的那样，这里的向量发生了交叉。

在这种情况下，关于饮酒或袖扣的成人问题必须暂时搁置下来，直到向量可以重新对齐。这可能需要几秒钟（如袖扣案例）到几个月（如饮酒示例）。要么提问者变得像父母一样，以匹配被激发的孩子状态的反应，要么回应者的成人状态被重新激活，以匹配提问者的成人状态。如果在讨论洗碗的过程中，女佣反抗了，那么关于盘子的成人与成人自我间的对话就结束了，随之而来的只能是孩子与父母自我间的对话，或者关于另一个成人主题的讨论，也就是她是否应继续被雇用的问题。

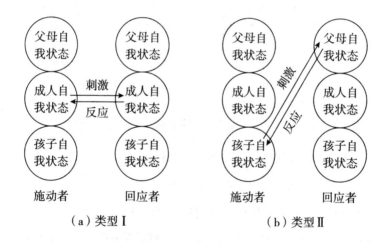

（a）类型Ⅰ　　　　　　　（b）类型Ⅱ

图2　互补交互

交错交互类型Ⅰ的反面在图3（b）中有所体现。这是心理医生所熟悉的反移情反应。病人在这种情况下，进行了一个客观的成人自我状态的观察，而心理医生通过像父母对

孩子那样的反应，让向量产生了交错。这就是交错交互类型
Ⅱ。在日常生活中，"你知道我的袖扣在哪儿吗？"这样的
问题往往会得到"你为什么不自己记住你的东西在哪？你已
经不是个孩子了"这样的应答。

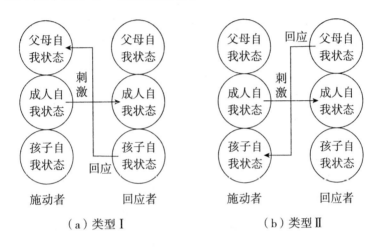

（a）类型Ⅰ　　　　　　　　　　（b）类型Ⅱ

图3　交错交互

　　图4的关系图展示了在施动者和回应者之间可能发生的
九种不同的社交互动向量，其中展示了一些有趣的几何（拓
扑）特性。心理平等的人之间进行的互补互动由（1—1）²、
（5—5）²和（9—9）²表示。还有三种其他的互补互动：（2—
4）（4—2），（3—7）（7—3）和（6—8）（8—6）。所有其他
的组合形成了交叉互动，大多数情况下，在图中这些互动呈
现为交叉，例如，（3—7）（3—7），这会导致两个人大眼瞪
小眼地对峙。如果他们中的任何一方都不让步，沟通就会戛

然而止，然后分开。最常见的解决方案是一个人让步和接受
（7—3）模式，这将导致一场"争吵"的游戏；或者更好的
是（5—5）²，在这种情况下，双方一笑而过，握手言和。

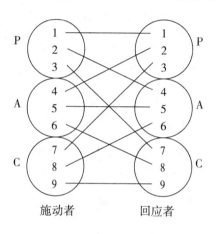

图 4 关系模型

　　简单的互补交互最常出现在表面工作和社交关系中，这
些交互容易被简单的交叉交互打乱。事实上，表面关系可
以被定义为只涉及简单互补交互的关系，这种关系发生在活
动、仪式和消遣中。更复杂的是隐匿交互——那些涉及两个
以上自我状态同时参与的活动——这正构成了游戏的基础。
销售人员特别擅长处理涉及三种自我状态的三角交互。以下
的互动中描绘了一个简单却极富戏剧性的销售游戏案例：

　　推销员："这个更好一点，但你恐怕负担不起。"
　　家庭主妇："那我偏偏要定它了。"

图 5（a）中展示的互动分析显示了这样一个情况，推销员以成人自我状态出现，阐述了两个客观的事实："这个更好一点"和"你负担不起"。在表面上，或者说在社交层面上，这些本应该是针对主妇的成人自我状态，因此她以成人的态度应该这样回答："你说得对。"然而，在更深层次上，或者说在心理层面上，经验丰富、训练有素的销售员的成人自我其实是在向主妇的孩子自我发起互动。结果，他的判断是正确的，因为孩子自我状态会这样回应："我要向那个傲慢的家伙证明，我和他的任何一个顾客一样值得拥有，不管我是否能负担得起。"在这两个层面上，互动都是互补的，因为她的回应在表面上被接受为一个成人自我状态的购买合约。

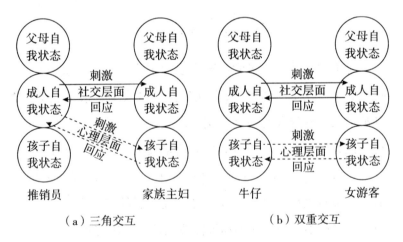

（a）三角交互   （b）双重交互

图 5　隐匿交互

双重隐匿交互涉及四个自我状态，这种情况常见于调情游戏。

　　牛仔说:"来看看我的谷仓。"
　　女游客回答:"哦,我从小就喜欢谷仓。"

　　如图5(b)所示,在社交层面上,这是一场关于谷仓的成人自我的互动,而在心理层面上,这实际上是一场有关游戏的孩子自我的互动。从表面上看,成人似乎控制着局面,但就像在大多数游戏中一样,最终的结果其实是由孩子自我决定的,参与者可能会因此感到惊讶。
　　所以,我们可以将交互分为互补或交错、简单或隐匿的类别,而隐匿的交互可以进一步细分为三角型和双重类型。

第三章　程序和仪式

　　交互通常是按照一系列设定流程进行的，这些流程并非随意发生，而是程序化的结果。程序可能来自父母、成人或孩子的自我状态，或者更广义上说，来自社交、物理或特定情况。由于对适应环境的需求，要求父母或成人的自我状态掩盖孩子的自我状态，直到每个社交环境都被测试过，发现孩子自我状态的程序化最容易出现在私人和亲密的场景中。在以上这些情境中，初步的测试已经完成。

　　社交活动最基本的形式是例行程序和仪式。有些是普遍存在的，有些则是特定的，但所有这些都需要学习。程序是一系列简单的成人互动，用于操控现实。现实可以被理解为两个方面：静态的和动态的。静态现实包括宇宙中所有可能的物质组合，比如，算术就是对静态现实的描述。动态现实则可以理解为宇宙中所有能量系统的互动，例如，化学就是对动态现实的描述。程序基于现实物质的数据处理和可能性预测，在各个专业技术中得到了最高级的应用，飞行驾驶和阑尾手术都属于这样的程序应用。心理治疗也属于一种程序，但前提是这种治疗必须处于心理医生成人自我状态的控制下。当治疗被心理医生的父母或孩子自我状态接管时，它就不再是一种程序。程序的编程取决于物质条件，是基于执行者成人自我的预判。

在评估程序时，我们通常采用两个变量。其中一个是程序的有效性，尽管执行者的知识体系可能存在缺陷，但当执行者尽可能有效地利用可用的数据和经验时，我们便可以认为这个程序是高效的。如果执行者的父母或孩子的自我状态干扰了成人自我状态的数据处理，程序就会变得混乱并且效率降低。程序的有效性是通过实际结果来衡量的。因此，效率是一个心理准则，而效果是一个实体准则。例如，在热带岛屿上，有一个当地的精通白内障手术的医生助理，他能非常高效地使用自己的知识，但由于他掌握的知识相比欧洲医生有所欠缺，因此手术效果并不理想。结果那名欧洲医生学会了酗酒，从此他的效率开始降低，但治疗效果在一开始并没有受到影响。然而，随着时间的推移，他的手开始颤抖，他的治疗效率和效果都被当地助手超越。从这个例子中我们可以看出，这两个变量最好由熟悉相关程序的专家来评估——通过了解执行者来衡量效率，通过观察实际结果来判断效果。

在现有的理解中，仪式是一种由外部社会力量编程的刻板的简单互动系列。非正式的仪式，比如社交告别，可能在细节上有相当大的地方差异，尽管基本形式保持不变。正式的仪式，比如罗马天主教的弥撒，其差异性就小得多。仪式的形式往往是由父母自我状态中传统的部分决定的，但是新近的"父母自我状态"可能对仪式中较为琐碎的部分产生了类似但又不太稳定的效果。一些具有特殊历史价值或人类学意义的正式仪式分为两个阶段：一是在严格的父母自我状态规定下进行的交互阶段；二是在父母自我状态许可的情况下，孩子在交互中被允许运用更多或更少的自由，结果引发一场狂欢的阶段。许多正式的仪式一开始是污染严重但程序依然相当有效，但随着时间的推移和环境的变化，最终失去了所有的程序效能，只保持其作为信仰行为的效用。在交互中，它们代表着减轻罪恶感或寻求奖赏的传统父母自我状态的要求。为此提供了一种安全、舒适并且通常令人愉快的构造时间的方式。

将非正式仪式引入游戏分析意义重大，尤其美国的问候仪式具有教育启发意义。

1A："嗨！"（你好，早上好。）

1B："嗨！"（你好，早上好。）

2A："天气转暖了。"（你怎么样？）

2B："是的，不过似乎要下雨了。"（我很好。你呢？）

3A："嗯，好好照顾自己。"（好的。）

3B："好的，回头见。"

4A："再见。"

4B："再见。"

很明显，以上交流并不是为了传递某种信息。其实，若真有什么信息的话，那也已经被很好地隐匿起来了。A 先生可能需要 15 分钟的时间来说明他的情况，而 B 先生只是一个不重要的认识的人罢了，他无意花费那么多时间来听他闲聊。这个交互系列完全可以被称为"八步安抚仪式"。如果 A 和 B 都很忙，他们可能都满足于一个两步的交流，即"嗨—嗨"。如果他们是老派的东方君主，他们可能要进行两百步的安抚仪式才能开始正式的商业活动。同时，在交互分析的专业术语中，A 和 B 稍微提升了彼此的健康状况；至少在那一刻，二人的脊髓不会"萎缩"，并为此都感到感激。

这个仪式基于双方仔细的直觉计算。在他们相识的这个阶段，他们认为每次见面都需要给对方四个动作，并且一天不超过一次。如果在短时间内再次遇到，比如在接下来的半小时内，并且没有新的事情要处理，他们会彼此无视对方，或只是点头示意，或最多给对方一个非常敷衍的"嗨"。这些计算不仅适用于短期内，而且可以适用于未来几个月内。

现在让我们考虑 C 先生和 D 先生，他们每天见面一次，交换一个"嗨—嗨"，然后各走各的路。C 先生去度了一个月的假，回来的第二天，他像往常一样遇到了 D 先生。如果

在这个时候，D 先生只是说了一句"嗨！"然后就没有下文，
C 先生会感到受到冒犯，他的脊髓会稍微"萎缩"。根据他
的计算，D 先生和他需要给对方大约三十个动作。这些可以
被压缩到几个交互中，只要这些交互足够强烈，D 先生的方
面就可以像这样运行（其中每个"强度"或"兴趣"单位等
于一个动作）：

1D："嗨！"（1 单位）

2D："最近都没见过你。"（2 单位）

3D："哦，是你啊！你去哪儿了？"（5 单位）

4D："说真的，那真是有趣。怎么样？"（7 单位）

5D："你看上去状态不错。"（4 单位）你的家人也去了
吗？"（4 单位）

6D："很高兴看到你回来。"（4 单位）

7D："再见。"（1 单位）

以上 D 先生一共给出 28 个单位。他和 C 先生都心知肚
明，第二天他还会补上遗漏的单位，因此此刻，出于实际情
况的考量，二人互不相欠。两天后，他们可以再次回到之前
的两步交流，即"嗨—嗨"。但通过这件事，他们更加了解
对方，知道对方是靠得住的，这对以后的社交场合中可能会
有所帮助。

　　另一个值得考虑的情况是 E 先生和 F 先生之间的情况，

他们设定了一个两步仪式，即"嗨—嗨"。有一天，E先生没有走开，而是停下来问："你怎么样？"对话如下：

1E："嗨！"

1F："嗨！"

2E："你怎么样？"

2F（困惑）："我很好。你呢？"

3E："一切都很好。今天天气不错？"

3F："是的。"（小心翼翼地说）。"但看起来像要下雨。"

4E："很高兴再次见到你。"

4F："我也是。抱歉，我得赶在图书馆关门前抵达。再见。"

5E："再见。"

当F先生匆匆离去时，E先生开始在心里犯起嘀咕："他怎么突然变得这样？他是在推销保险吗？还是有别的什么事？"在交互术语中，将这句话翻译过来就是："他只欠我一个动作，为什么要给我五个？"

还有一个简单的例子可以说明这些简单的仪式中的商业特性。当G先生向H先生说"嗨！"而H先生没有回应只自顾自地向前走的时候。G先生的反应是"他怎么了？"意思是："我给了他一个动作，他却没有给我一个回应。"如果H先生继续这样做，并且将其扩展到其他熟人领域，那么他会在他的社交领域引起一些议论。

在边缘情况下，其实很难区分程序和仪式。普通人倾向于将专业程序称为仪式，实际上每一个交互可能都基于扎实的甚至至关重要的经验，但普通人由于缺乏常识而很难理解这点。反过来，专业人员更倾向于将仪式元素理性化，这些元素仍然依附于他们的程序，并以外行人不能理解为由，将持怀疑态度的外行人排除在外。顽固守旧的专业人员抵制引入新程序的方式之一是将其当作仪式给予嘲笑。这就是塞梅尔维斯和其他创新者的命运。

程序和仪式的本质和相似特征在于它们都是刻板的。一旦启动了第一次交互，整个系列都是可预见的，并按照预定的路线走向预定的结论，除非出现特殊情况。程序和仪式的区别在于预定源头：程序是由成人自我状态编程的，而仪式则是父母自我状态编程的。不擅长或不习惯仪式的人有时会通过替换程序来逃避它们，例如，派对上总会找到那种通过帮助女主人张罗食物酒水予以逃避的人。

第四章 消 遣

　　消遣活动发生在不同程度的复杂社交和时间结构中，因此它们的复杂性各不相同。然而，如果我们将交互视为社交的基本单位，便可以从适当的场景中解析出一种可称为"简单消遣"的实体。简单说，简单消遣可以被定义为一系列半仪式化的、简单的、互补的交互，这些交互围绕一个单一的主题进行，其主要目标是填充一个时间间隔。这个时间间隔的开始和结束通常由一种程序或仪式明显地标识出来。这些交易是适应性地编程的，以便每个参与者在此期间获得最大的利益或优势。他的适应性越好，就越能获得更多的收益。

　　消遣活动通常在派对（社交聚会）上进行，或在正式团体会议开始前的等待时间里进行。这种在会议开始前的等待时间与派对有着相同的结构和动态。消遣活动可以所谓的"闲聊"的形式进行，也可以变得更加严肃，如变得具有争议性。大型鸡尾酒派对经常成为展示消遣活动的场所。在房间的一角，几个人在开办"家长教师协会"（简称 PTA）；另一角则是"精神病学"的讨论区；第三个角落是"曾经去过的地方"或"成了什么样子"的主题沙龙；第四个角落被用来谈论"通用汽车"，而自助餐区则留给那些想谈论"厨房"或"衣柜"主题的女性。各地类似聚会中的活动几乎是一样的，只不过换一个地方，换一些名字而已。在不同社会阶层的另一系列派对中，正在进行着不同的消遣活动。

消遣活动可以根据各种方式进行分类。外部决定因素是社会学的，例如性别、年龄、婚姻状况、文化、种族或经济状态。例如，"通用汽车"（汽车研究）和"体育竞赛"（体育运动）都是典型的"男性话题"，而"日用百货""厨房事务"和"衣橱时装"通常被视为"女性话题"（南太平洋地区称其为"玛丽话题"）。"初恋"是青少年永恒的话题，开始谈论"财务状况"则标志着人到中年。其他类似的话题，都是闲聊的变种，例如，"如何做某事"（打发飞行旅途的时间），"多少钱"（关注成本，常在中下阶层酒吧中出现），"曾经去过的地方"（怀旧，适合旅行者），"你知道谁"（适用于孤独的人），"成了什么样子"（常由经济上的成功者和失败者发起），"宿醉的第二天"和"我有更好的方法"（常由有雄心的年轻人发起）。

消遣中的结构性交互分类更为个人化。例如，"家长教师协会"可以在三个层次上进行：儿童层面采用的消遣形式是"应对顽固的父母"；成人层面的消遣形式是 PTA 的本体，这在高级知识分子的妈妈间十分受欢迎；老年层面的消遣形式是讨论"青少年犯罪"。一些已婚夫妇喜欢进行"亲爱的，你得告诉他们"这样的游戏消遣，其中妻子扮演父母自我状态，丈夫则更像孩子自我状态。"看，妈妈，我可以做到"也是一种常见的"孩子自我—父母自我"状态间的消遣活动，这种也适用于各种年龄层面，因此有时会被谦逊地改编为"哎呀，大家不要这样说嘛"。

此外，消遣活动也可以根据心理类型进行分类。例如，"家长教师协会"和"精神病学"都可以以投射型或内摄型的形式进行。"家长教师协会"的投射型分析，可以基于"父母自我—父母自我"状态间的范式进行，如图 6（a）所示。

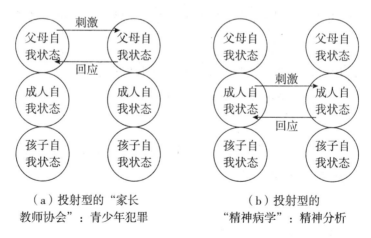

（a）投射型的"家长
教师协会"：青少年犯罪

（b）投射型的
"精神病学"：精神分析

图6 消遣

A："如果不是因为家庭破裂，哪里会有这么多的犯罪行为。"

B："也不尽然，现在即便家庭完整，孩子们也不像以前那样，能得到'要有礼貌'的家庭教育了。"

"家长教师协会"以内摄型的方式进行，它围绕成人自我—成人自我的对话展开：

C："我觉得我无法成为一个合格的母亲。"

D："无论你多努力，孩子总是不会按照你想要的方式长大，所以你总在反问自己是否做得对，是否哪里出了错。"

"精神病学"以投射型的方式进行，呈现成人间的对话：

E："我认为是他某种无意识的挫败感导致了他的行为。"

F："你似乎把你的攻击性很好地转化了。"

图6（b）展示了另一种"精神病学"的内摄型对话，这是成人间的另一种互动方式。

G："我觉得那幅画象征着玷污。"

H："在我看来，绘画只是为了取悦我的父亲。"

消遣活动除了构建时间和为交互方提供可接受的安抚之

外，还有额外的功能，那就是社交选择的过程。当消遣活动进行时，每个参与者的"孩子自我"都在警惕地评估其他参与者的潜在性。当聚会结束时，每个人都会选择自己想要进一步接触的人，而对其他人则不予以考虑，这种选择一般与参与者的熟练程度和愉悦感无关。他选择的人似乎是那些看起来最有可能成为更深层次关系的候选人，也就是说，可能会成为其游戏伙伴的人。这种选择系统，不论表面上看起来多么合理，实际上大多靠的都是无意识和直觉。

在某些情况下，成年人在选择过程中会覆盖"孩子自我"的判断。这在保险销售员学习社交游戏时表现得最为明显。当他在玩游戏时，他的成年自我意识在寻找最可能的前景，并从游戏者中选择他想要深入了解的人。他的选择与他们在游戏中的表现或友善程度无关，这是基于外在因素的选择，在大多数情况下，这与对方的财务状况有关。

然而，消遣活动具有非常明确的排他性。例如，"男性话题"和"女性话题"通常不会混为一谈。正在高谈阔论"你曾经去过哪里"的人多半会被插嘴"这个多少钱"（如牛油果价格）或"宿醉第二天"的人惹怒。同时，那些正在进行投射型"家长教师协会"讨论的人可能会对内摄型"家长教师协会"讨论的介入者产生反感，但如果情况反过来，往往情绪不会那么强烈。

消遣活动构成了选择朋友的基础，也可能催生友谊。例如，一群每天早晨聚在彼此家中喝咖啡，吐槽"不良丈夫"

的女性可能会冷淡地排斥一个想要谈论"阳光丈夫"的新邻居。如果她们正在抱怨自己的丈夫多么刻薄，而新来的邻居却赞美自己的丈夫多么完美无缺，那么她们一定不会让她在这个令人不安的交互中待下去。因此，在鸡尾酒会上，如果有人想从一个角落走到另一个角落，那么就意味着他要加入一个新位置的消遣活动，或者成功地将对话转向新的主题。当然，一位好的女主人会立刻掌控局面，并给出指示："我们刚在讨论投射型的'家长教师协会'。对此，你怎么看呢？"或者："好了，女士们谈论'衣橱'已经足够久了，J 先生是一位作家 / 政治家 / 外科医生，我相信他会喜欢参与'看，妈妈，我可以做到'这个话题中来。对吗，J 先生？"

　　另一个从消遣活动中能得到的重要收获是确认角色和稳定地位。角色有点像荣格所说的人格面具，只是它并不完全是为了适应环境而采取，而是更深地植根于个人的内心。因此，在投射型的"家长教师协会"中，一位玩家可能扮演严格的父母，另一位扮演公正的父母，第三位扮演溺爱的父母，第四位扮演支持的父母。这四个人都在体验并展示父母的自我状态，但每个人呈现的方式各不相同。如果角色能持续下去——也就是说，如果它没有遭到任何反对，或因反对而变得更加强烈，或得到某些类型的赞同，那么每个人的角色就因占据优势而得到了确认。

　　角色的确认为个体提供了存在的优势并稳定了他的地位。地位是一种影响个体所有交互的简单断言，从长远来看，它决定了个体的命运，甚至可能决定了其后代的命运。立场或多或少有些绝对化，例如，在投射型"家长教师协会"中的典型立场可能是："所有孩子都是坏孩子！""所有其他的孩子都是坏孩子！""所有的孩子都是可悲的！""所有的孩子都是受迫害的！"这些立场分别会引发严厉、公正、溺爱和支持的父母自我状态。实际上，立场主要由心理态度来表达，并以这种态度来进行角色交互。

确定和固化自己的立场通常发生在很早的时候，可能在他们出生后的第二年（甚至第一年）到第七年就固定下来了——无论如何，大多发生在他们有能力做出这样重大决定之前的年龄段。因此，根据一个人的立场，来推断出他过往的童年并不困难。除非有其他重大事物或人物介入，否则他会花费一生的时间来稳定这一立场，并处理一切威胁到这个立场的所有事情——通过避免、抵御或挑衅地控制它们，使它们从威胁变为合理化的手段。消遣活动之所以如此刻板，是因为它们的目的就是为了稳定心理立场。但消遣活动所带来的好处解释了为什么人们如此热衷于参与其中，以及如果和持有建设性和善意立场的人一起消遣，为何会如此愉快。

消遣活动并不容易与其他活动区分开来，而是经常混合在一起。许多常见的消遣活动，比如"通用汽车"，实际上包含了心理学家可能称之为"多选—填空"的交互内容。

A."我更喜欢福特/雪佛兰/普利茅斯，而不是福特/

雪佛兰／普利茅斯，因为……"

B."哦，我更倾向于拥有福特／雪佛兰／普利茅斯，而不是福特／雪佛兰／普利茅斯，因为……"

很明显，这种模式化的对话中可能确实包含了一些有用的信息。

这里还有必要提及一些常见消遣活动。"我也是"往往是"真糟糕"的变种。"他们为什么不"（做些什么来改变）是那些不愿改变现状的家庭主妇的最爱。"那我们就"是儿童之间常见的消遣。"让我们找（些事情做）"是青少年罪犯或行为顽劣的成年人喜欢玩的消遣。

第五章　游　戏

游戏是一连串互补的隐匿性交互的持续过程，结果是明确且可预测的。从描述的角度看，它是一组常见的交互，通常具有重复性，表面上看起来似乎合理，但是有隐藏的动机。或者用更口语化的方式来说，它是一系列带有陷阱或"花招"的行为。游戏与程序、仪式和消遣活动在两个方面存在明显的区别：①它们的隐匿性质；②回报。程序可能成功，仪式可能有效，消遣活动可能有利，但它们都是明确的。它们可能会涉及相互竞争，但这并不是冲突；结局可能引人注目，但并不戏剧性。但每一个游戏基本上都是不真诚的，结局不仅具有戏剧性，还往往能刺激肾上腺素，引起兴奋。

我们还需要将游戏与其他尚未讨论的社会运作类型区分开来。运作是为特定、明确的目标进行的简单交互或一系列交互。如果有人直接寻求安抚，并得到了，那就是运作；如果有人寻求安抚，并在得到之后以某种方式使给予者处于不利地位，那就是游戏。因此，从表面上看，游戏像是一组行为，但在得到回报后，就会明显看出这些"运作"实际上是策略，并非出自真诚的请求，而是游戏中的某种步骤。

例如，在"保险游戏"中，如果销售人员具有强烈的驱动力，他实际上会无时无刻不在寻找或努力争取新的机会。如果他有深思熟虑的策略，他的目标就是赚取大笔利润。这种情况也适用于"房地产游戏""睡衣游戏"和类似的职业游戏。所以，当销售人员在社交活动上参与如"资产负债表"这类消遣活动时，他的愉快参与可能会掩饰一系列精心设计的策略，这些策略的目的是获得与他职业相关的信息。许多职业期刊专注于改进商业策略，并报道了优秀的玩家（成功地进行了大规模交易的经营者）和游戏。从交互的角度看，这些期刊只不过是《体育画报》《国际象棋世界》和其他体育杂志的翻版罢了。

对于那些在成人的指导下，有意识地、精确地策划的游戏，以期获得最大收益的三角交互来说，20世纪初流行的大规模"骗局游戏"在详细的实际规划和心理表现上，迄今都难以超越。

然而，我们在这里关注的是那些无辜的人们在他们并未完全意识到的双重交互中无意识地参与的游戏，这些游戏构成了全世界社会生活的重要部分。由于游戏具有动态发展的性质，我们就很容易将它与静态态度区分开来，因为静态态度仅由心理立场产生。

我们不能在这里曲解"游戏"一词的使用，正如我们在前文中解释的，它并不一定暗示娱乐或乐趣。许多销售人员并不觉得他们的工作有趣，就像亚瑟·米勒在他的剧本《推销员之死》中所明确指出的那样，游戏也可以非常严肃。现代的足球比赛虽然已被看成非常严肃的竞技比赛，但像"酒鬼"或"三级侵犯者"这样的交互游戏却没有得到更严肃的对待。

"玩"这个词也是一样，任何玩过硬币扑克或者长期投资股市的人都能知道它们的严肃性。人类学家对游戏和玩耍可能的严肃性以及严重后果都非常了解。有史以来最复杂的游戏，如司汤达在《帕尔马的修道院》中所生动描述的"朝臣游戏"，就是关乎死亡的严肃游戏。当然，最残酷的游戏非"战争"莫属。

二、经典游戏

"如果不是因为你"恐怕是夫妻间最常玩的一种游戏了，下面我们将通过一个案例来阐述这个游戏的经典特性。

怀特夫人常抱怨自己的丈夫严重限制了她的社交自由，

使她从未有机会学习过跳舞。然而，在进行了一段心理治疗后，她的心态发生了改变，她的丈夫开始也不再那么独断专行，而是变得更加宽容大度了。获得更多的社交自由后，怀特夫人报名参加了舞蹈课程，直到这时她才发现自己对舞池有着病态的恐惧，结果不得不放弃这个尝试。

从这次失败的尝试，以及结合其他类似的经历后，我们可以窥探到她婚姻中的一些重要问题。在众多的追求者中，她唯独选择了这样一个专横的男人作为丈夫，结果抱怨从未停止过，她总有各种机会声称"如果不是因为他"，她可以尝试各种事情。在她的许多女性朋友中，也有类似专横的丈夫，所以当她们在一起时，就会花大把的时间抱怨丈夫，以及玩"如果不是因为他"的游戏。

然而，她忽略了一个事实，在她无休止的抱怨之后，她的专横丈夫实际上为她解决了一个重大麻烦，那就是禁止她去做那些令她深感恐惧的事情，以及避免她直面恐惧。这也是她当初选择这样一个丈夫的原因。

但这不是全部。丈夫的禁令和她的抱怨常常引发争吵，这严重影响了他们的性生活。争吵之后丈夫因为内疚感，常常给她买一些平时不会买的礼物。当然，当他给予她更多的自由时，礼物的数量和送礼的频率也随之减少。逐渐地，他们除了家务和孩子之外，再找不到共同的话题，所以争吵又成了重要的事件。仿佛只有在争吵时，他们才会有真正的交流。不管怎样，她的婚姻生活证明了她一直以来所坚持的看法：所有的男人都是卑鄙和暴虐的。事实上，这种观念与她早年的一些梦境有关，这些梦境揭示了她曾遭受过虐待，并长期以来饱受困扰。

描述怀特夫妇所玩的这种游戏的方式有很多，显然，它属于广泛的社会动态领域。基本上，通过结婚，怀特先生和怀特夫人得以有机会与对方交流，这种机会可以被称为社会接触。他们利用这个机会进行交流，这使他们的家庭成为一个社会群体，我们可以拿纽约的地铁车厢与其对比，车厢中，尽管人们在空间上有很多接触的机会，但很少有人利用这个机会进行交流，因此车厢形成了一个非社交的群体。怀特夫妇对彼此的行为和反应的影响构成了社会行动，而不同的学科会从各自的角度研究这种社会行动。

因为我们的关注点在于涉及个人经历和心理动力的问题，所以目前的研究方法是社会精神病学的一个方面。在研究的游戏中，我们将对其"健康性"做出一些暗示性的评判，这和社会学以及社会心理学所持有的更为中立、不受约束的态度有所不同。精神病学保留了"请稍等"的权利，而其他学科则没有。交互分析是社会精神病学的一个分支，而游戏分析则是交互分析的一个特殊领域。

具体的游戏分析处理的是在特定情况下发生的特殊案例。游戏理论分析试图抽象地概括各种游戏的特性，以便其在任何语言内容和文化背景中都可以被识别。比如，"如果不是因为你"的婚姻类型的理论分析，应该详细地总结出这款游戏的特性，使其无论在新几内亚的丛林村庄，还是在曼哈顿的豪华公寓，不管它涉及的是婚礼还是为孙子孙女购买钓鱼竿的财务问题，不论夫妻之间的交互是多么坦诚和微妙，它都能轻易地被识别。游戏在特定社会中的普遍性是社会学和人类学的研究对象。而作为社会精神病学的一部分，游戏分析只关注描述游戏本身，不论其发生的频率如何。这种区分并不是绝对的，但它类似于公共卫生学和内科医学之间的区别，前者关注疟疾的普遍性，而后者研究的是在丛林或曼哈顿出现的疟疾病例。

目前，以下方案被视为游戏理论分析中最有用的一种。随着更多知识的积累，这个方案无疑将得到改进。首先，我们需要确定某个操作序列以满足游戏的规则。其次，尽可能多地收集游戏示例，分离出这些收集的材料的关键特性，以便使游戏的核心特性浮现出来。最后，将这些关键点尽可能按照有意义和启发性的方向进行分类，以反映当前的知识状态。这种分析是从"它"的角度进行的——在这个例子中，"它"是指怀特夫人。

⌘ 命题

这是对游戏的一般描述，包括事件的直接序列（社会层面），以及关于它们的心理背景、发展和意义的信息（心理层面）。在"如果不是因为你"这个婚姻类型的例子中，我们已经提供了足够的细节。为了简洁起见，接下来我们将这个游戏简称为 IWFY（If It Weren't For You）。

⌘ 反命题

先临时假设某种序列构成了一个游戏，直到这一假设得到生活中的实践验证。这种验证是通过拒绝参与游戏或者减轻游戏的回报来进行的。在这种情况下，作为"它"的一方会更加努力地继续游戏。面对持续的"拒绝参与"和"降低回报"，他会陷入一种"绝望"状态，这种状态在某些方面类似于抑郁，但又与抑郁有着本质的不同，它更为剧烈，并且包含了挫败和困惑的元素，例如，他可能会突然莫名其妙地哭泣。在成功的治疗环境中，这种状态可能很快就能被带有幽默感的笑声所替代，这暗示了一种成人自我状态的认知，即"我又回来了！"因此，绝望是成年自我状态的问题，而抑郁则是孩子自我状态的问题。抑郁的反面是希望、热情或对周围环境的积极兴趣；绝望的反面是笑声。因此，治疗性游戏分析的乐趣就在于此。IWFY 的对立面是纵容。只要丈夫拒绝参与，游戏就无法进行。如果他的反应不是"你敢！"而是"去吧"，潜在的恐惧就会被揭示出来，妻子就无法再对他发火，案例中的怀特夫人也就不再有机会指责或抱怨自己的丈夫了。

要清晰地理解一个游戏，应该理解其反命题，并在实践中证实其有效性。

⌘ 目标

这通常是对游戏总体意图的简单陈述。有时也不排排除存在替代目标。IWFY 的目标可以描述为寻求自我安慰（"我并不是害怕，是他不让我去的"）或者为自己辩护（"并不是我不努力，而是他阻止了我"）。让妻子得到安慰的功能更显而易见，并且更符合妻子的安全需求。因此，IWFY 最直接的目标通常被认为是寻求安慰。

⌘ 角色

如前所述，自我状态并非角色扮演，而是现象。因此，在正式描述中，必须将自我状态和角色区分开来。根据所需的角色数量，游戏可以被描述为两人、三人或多人游戏等。有时，每个玩家的自我状态与他的角色相符，有时则不然。IWFY 是一个两人游戏，一方是受限制的妻子，一方是一个专横的丈夫。妻子可能以一个谨慎的成年人角色来玩（"最好按照他说的去做"），也可以一个任性的孩子角色来玩。专横的丈夫可以保持一个成年人的自我状态（"最好按照我说的做"），或者切换到一个父母的自我状态（"你必须按我说的做"）。

⌘ 心理动力

在描述每个游戏案例背后的心理动力时，有许多可能的表达方式。然而，通常可以挑选出一个有用的、恰当的、有意义的心理动力概念，该概念能够充分概括整个情况。因此，最佳的描述是将 IWFY 视为源于恐惧。

⌘ 范例

研究游戏的童年起源或婴儿原型是有教育意义的，所以在进行正式描述时，需要探索此类的同源表现。事实上，IWFY 游戏在孩子中间的流行程度和在大人中的一样高，儿童版本与成人版本其实是相一致的，只是父母取代了限制型的丈夫而已。

⌘ 交互范式

提供了典型情况的交互分析，显示了揭示性的隐藏交易的社会层面和心理层面。在其最戏剧性的形式中，IWFY 在社会层面上实际是一个"父母自我状态—孩子自我状态"间的游戏。

怀特先生："你待在家里照顾好家庭。"

怀特夫人："如果不是因为你，我也可以出去玩玩。"

在心理层面上（隐藏的婚姻契约）是完全不同的，它的关系是"孩子自我状态—孩子自我状态"。

怀特先生："我回到家时，你必须在家里。我害怕被抛弃。"

怀特夫人："如果你帮我避开恐惧情境，我会在的。"

以上两种层面如图 7 所示。

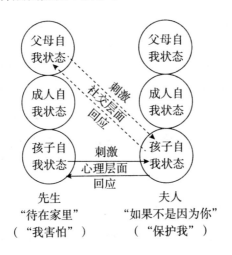

图 7　"如果不是因为你"游戏

⌘ 运作步骤

　　游戏的运作步骤大致对应于仪式中的互动。就像在任何游戏中一样，随着练习，玩家会变得越来越熟练。然后多余的步骤被消除，越来越多的目的被压缩到每一个步骤中。"美好的友谊"常常基于这样一个事实上，那就是玩家们以极高的经济性和满足感相互补充，使得他们双方在玩游戏的过程中拥有最大的产出和付出最小的努力。某些中间性、预防性或让步性的步骤可以省略，以保证游戏双方的关系变得高度简洁。在防御策略中努力节省下来的精力可以用来装饰游戏，令双方和旁观者都感到愉快。其中也会发现，一定数量的步骤对游戏的进程是必要的，这些可以放在游戏分析中予以说明。各个玩家会根据他们的需要、才能或欲望来修饰或增加这些基本步骤。IWFY 的基本步骤如下：

（1）指令——遵从（"你待在家里"——"好的"）。

（2）指令——抗议（"你再次待在家里"——"如果不是因为你"）。

⌘ 获益

游戏的一般优势在于其稳定（稳态）功能。通过交流促进生物学的稳定，通过位置确认增强心理稳定。如前所述，交流可能采取各种形式，因此游戏的生物学获益可以用触觉术语来说明。因此，丈夫在 IWFY 中的角色让人联想到反手打人（与面对面掌掴完全不同，掌掴是直接羞辱），而妻子的反应有点像任性地在丈夫的小腿上踢了一脚。因此，从 IWFY 中获得的生物学收益源自"好斗——任性"之间的交换：一种令人痛苦但显然有效的保持神经组织健康的方式。

确认妻子的心理立场——"所有男人都是暴君"——这属于存在性获益。这种观点是对内在屈服需求的恐惧的反应，它证实了所有游戏都有一致的结构。扩展的说法应该是："如果我单独走入人群，会无法抗拒屈服的诱惑；但在家里，我并未屈服，这出于他的强迫，因此能证明所有男人都是暴君。"所以说这种游戏通常受到那些饱受非现实感折磨的女性的青睐，这表明她们在面对强烈诱惑时难以保持成年自我状态。详细阐述这些机制的任务更多地属于精神分析，而不是游戏分析。在游戏分析中，我们最关心的是最终的结果。

游戏的内在心理获益是其对心理经济能量的直接影响。在 IWFY 中，社会接受的对丈夫权威的屈服让女性避免了体验神经质的恐惧。同时，如果存在的话，它也满足了自虐需求，这里的自虐并不是指自我否定，而是指在被剥夺、羞辱或痛苦的情况下产生的性兴奋。换言之，被剥夺和被支配让她感到兴奋。

外在心理获益是通过玩游戏来避免恐惧的情况。这在 IWFY 中尤其明显，它最突出的动机是通过服从丈夫的约束，妻子避免了她所恐惧的公共场合。

内在社交获益是个人在亲密圈子中玩游戏所得的结果。通过顺从，妻子赢得了说"如果不是因为你"的权利。这有助于她安排和丈夫一起共度的时间。对于怀特夫人来说，因为两人缺乏共同的兴趣，而对这种时间结构的需求特别强烈，特别是在孩子们出生之前和孩子们长大之后。在这两个时期之间，游戏不那么频繁和激烈，因为孩子们为父母安排了时间，并提供了更广泛接受的 IWFY 版本，即忙碌的家庭主妇版本。尽管在美国，年轻母亲真的很忙，但这并不能改变对这种变体的分析。游戏分析只试图无偏见地回答这个问题：一个忙碌的年轻女性如何利用她的忙碌获得一些补偿?

外在社交获益是在外部社交接触中所得的结果。在IWFY的游戏中，妻子对丈夫说的是"如果不是因为你"，而在早上和朋友们喝咖啡时，就变成了"如果不是因为他"的闲谈。同样，游戏对选择社交伙伴的影响也体现出来。新搬来的邻居名义上是被邀请来喝早间咖啡，实际上是被邀请来玩IWFY的。在其他条件不变的情况下，如果她能玩得好，那么她很快就会成为密友并融入这个圈子；如果她拒绝玩并坚持以仁慈的眼光看待自己的丈夫，那么显然她很快就会出局。这就像她在一个鸡尾酒会上坚决地拒绝每一杯鸡尾酒一样——然后，她多半会在宾客名单中被除名。

至此，我们完成了对IWFY特征的正式分析。为了进一步阐明这个程序，可以参考后文对"你为什么不——是的，但是"游戏的分析，这是全世界社交聚会、委员会会议和心理治疗团体中最常玩的游戏。

三、游戏的起源

从当前的视角看，育儿可以被看作一个教育过程，其中孩子被教导如何玩游戏，以及哪些游戏可以去玩。他们也被教导适应在当地社区环境中的自我状态所需的程序、仪式和消遣，但这些其实并没有那么重要。他们对程序、仪式和消遣的知识和技能决定了他们能获得哪些机会，而他们所玩的游戏则决定了他们如何利用这些机会，以及在相应资质的情况下会得到什么样的结果。同理，在其他条件不变的情况下，他所选择的游戏可以作为他们生活的脚本或无意识生活计划元素，而决定其最终的命运：婚姻和职业生涯的回报，以及生命终结所处的环境。

尽管负责任的父母会把大量的注意力放在教育孩子如何适应他们生活中所需的程序、仪式和消遣上，并且也会谨慎地选择学校、学院和教堂来强化他们的教学，但同时他们往往会忽视游戏的重要性。游戏是家庭情感动态的基础结构，孩子们从出生后几个月开始便通过日常生活中的重要经验来进行学习。这些相关问题已经被讨论了几千年，但过于笼统，不成体系，现代正统精神病学文献正试图以更系统的方式进行研究，但如果没有游戏的概念，几乎无法进行下去。到目前为止，个人内心动力学理论还未能圆满地解决人际关系的问题。交互环境不仅需要考虑个人动机，更需要从社会动力学的理论中得出。

因为目前受过儿童心理学和儿童精神病学良好教育，并接受过游戏分析培训的专家还很少，所以关于游戏起源的观察资料相对匮乏。不过，有幸的是，下面的情景发生在一个受过良好教育的交互分析师面前。

七岁的坦吉坐在餐桌前，因肚子痛请求离开，他的父母便提议他躺下休息一会儿。随后，他三岁的弟弟麦克也声称自己"肚子痛",显然他希望得到同样的关照。父亲看着他几秒钟,然后问:"你并不想玩这个游戏,对吧?"麦克立刻笑出来,说:"对,不想!"

如果这是个过于关注进食健康的家庭,麦克可能也会被父母送去休息。如果麦克凭借自己的表演成功地与父母重复几次这个情景,那么完全可以预见这个游戏会逐渐演变为麦克性格的一部分。因为只要父母配合,游戏就会反复上演,每当他嫉妒别人得到特权时,他便会以生病为借口以获得同样的特权。这个隐含的交互可能由以下内容构成:(社会层面)"我不舒服"+(心理层面)"你应该给我一些特权"。不过,麦克避免了这种可能导向抑郁症的生活轨迹。虽然他最终的命运可能会更糟糕,但这就是另一个问题了。关键在于,一个正在孕育中的游戏在父亲的质问和男孩坦率的承认中被打断了。

这清楚地证明了游戏完全有可能由孩子刻意发起。当它们变成固定的刺激和反应模式后,游戏的起源就会在时间的雾气中消失,而它们的隐含性质则会在社会的迷雾中被混淆。无论如何,这两者都只能通过适当的程序才能被意识到:通过某种形式的分析疗法找到起源,通过对立法找到隐含的方面。临床经验表明,游戏是具有模仿性的,它们最初是由孩子人格中的成人自我状态(新精神)方面设立的。如果在成年玩家中可以唤醒孩子自我状态,这个部分(儿童自我状态的成人方面)的心理适应性就会非常明显,它操控人的技巧十分高超，以至于被人们亲切地称为"教授"（精神病学）。因此，在集中分析游戏的心理治疗小组中，一种更复杂的程序是寻找每个病人身上的小"教授"，他们在两岁到八岁之间设立游戏的早期经历让在场的每个人都充满了好奇，而且，除非这个游戏是悲剧，否则他们常常会乐在其中，病人自己也因公正的评价和自满而乐意加入进来。一旦他能做到这一点，他就可能放弃那条通往不幸的行为模式的道路，然后会越来越好。

以上就是为什么在对游戏的正式描述中总是要试图追溯其婴儿或儿童时期原型。

四、游戏的功能

由于日常生活中缺乏亲密机会，对大多数人而言，实现某种形式（特别是强烈形式）的亲密在心理上几乎是不可能的，因此，大部分严肃的社交生活时间都会应用在游戏上。因此，游戏既是必要的，也是被期待的，关键在于每个人选择的游戏是否能为其带来最大的收益。在这个方面，我们需要记住，游戏的本质特征在于其结果和回报。初期的操作主要是为这个结果创造条件，但是它们总是被设计成可以在每个阶段获取最大程度的满足。例如，在"倒霉鬼"游戏中（制造混乱，然后道歉），最终游戏的目的是获得道歉后的宽恕，而任何混乱和道歉只是通向这个结果的步骤，但不可否认的是，每一次制造混乱都能给自己带来乐趣。制造混乱的快乐并不使其成为游戏，唯有完成道歉才是通向结果的关键。否则，制造混乱只是一种能带来些许乐趣的破坏过程，甚至是一种愉悦的犯罪行为。

"酒鬼"游戏也是如此。无论饮酒的生理原因是什么，单纯从游戏分析的角度看，饮酒只是与周围人进行游戏的一个步骤。饮酒可能会给自己带来乐趣，但并不能成为游戏的核心。在"清醒的酗酒者"版本中，这一点得到了证实。这个版本包含了与常规游戏相同的行动，并导致了相同的结果，但是并不需要真的饮酒。

除了在适当的时间结构中发挥社会功能，某些游戏对于维持个体的心理健康也是十分必要的。对于这些心理稳定性非常脆弱且处境不稳定的人来说，剥夺他们的游戏可能会使他们陷入无法逆转的绝望，进而导致精神疾病。他们会极力抗议任何反对的操作，这种情况经常在婚姻关系中被观察到，当一方伴侣的心理状况得到改善（即放弃有害的游戏）时，可能导致另一方伴侣的迅速恶化。对于他们来说，游戏在维持两者关系平衡中至关重要。因此，进行游戏分析必须慎而又慎。幸运的是，无需游戏就可以获得的亲密感（这应该是最完美的人类生活形式）的回报是如此之大，即使是不稳定的人格也可以安全而快乐地放弃游戏，只要他们能找到适当的伙伴来建立更好的关系。

从更广阔的层面来说，游戏是每个个体无意识的生活计划（或者说脚本）中必不可少且十分活跃的部分。他们填补了等待最后结果的时间，并推动行动进行。脚本的最后一幕通常需要一个奇迹或者一个灾难来引发高潮，而这取决于剧本是建设性的还是破坏性的，因此相应的游戏也会是建设性的或者破坏性的。简言之，一个人的脚本最终是"期待圣诞老人的到来"，那么他可能会乐在如"哎呀，你太棒了，默格特洛伊德先生"这样的游戏中；相反，如果一个人的脚本是悲剧性的，比如"等待死神来临"，那么他可能会喜欢玩如"现在我抓到你了，你这个坏蛋"这样讨厌的游戏。

需要注意的是，像上述那样的口头表述在游戏分析中是必不可少的，且在心理治疗的小组和研讨会中经常被自由地使用。"等待死神来临"这样的表达来自一个病人的梦，在梦中她决定在"等待死神来临"前要做一些事情。一个参与小组活动的病人指出了治疗师忽视的一点：在实际情况中，期待圣诞老人的到来和等待死亡实际上是一回事。鉴于口语表达在游戏分析中具有决定性的重要作用，后续将进行更详尽的讨论。

第二部分　游戏辞典

说　明

　　此部分包含了截至 1962 年为止完整的游戏列表，但新的游戏不断被发现。有时候，一个看似已知的游戏例子，在经过更深入的研究后可能变成一个全新的游戏。而看起来新颖的游戏，往往只是已知游戏的一个变体。随着新知识的积累，我们对这些游戏中各个元素的分析也可能发生变化。例如，在描述游戏的动态时，有多种可能的选择，先前给出的陈述最终可能被证明并不是最准确的。然而，无论如何，这些游戏列表和分析中提供的元素对于临床工作来说是充分够用的。

　　一些游戏在本书中得到了详尽的讨论和分析，还有一些游戏可能需要更多的调查，它们不太常见，或者它们的意义相当明显，因此只是简要提及。通常，我们将扮演"它"的角色称为"代理人"，或者用"怀特"来称呼，而另一方则被称为"布莱克"。

　　这些游戏按照它们最常出现的情境进行分类，包括生活游戏、婚姻游戏、聚会游戏、性游戏和地下世界游戏；然后是专门设计给专业人士的咨询室游戏；最后是一些好游戏的例子。

一、概念说明

　　在分析协议中，我们将使用以下概念和术语。

　　标题：对于较长的游戏名称，我们将使用方便的缩写。在口头报告中，最好使用游戏的完整名称，而不是缩写或首字母缩写。

　　命题：尽可能准确地重新表达游戏的主题。

　　目标：根据作者的经验，给出最有意义的选择。

　　角色：我们将点出"它"的角色，并从其角度出发讨论游戏的角色。角色与目标密切相关。

　　心理动力：与"目标"一致。

　　范例：（1）描述了在儿童时期玩游戏的情景，这是最容易识别的相关原型；（2）列举成人生活中的实例。

　　范式：简要举例说明关键的社会和心理层面的交互或互动。

　　运作步骤：给出实践中发现的最基本的交互刺激和反应数量。在不同的情境中，这些可以被无限扩展、减少或调整。

获益：（1）内在心理层面——描述游戏如何有助于内在心理的稳定；（2）外在心理层面——描述游戏如何避免令人焦虑的情境或亲密关系；（3）内在社交层面——描述在与亲密的人一起玩游戏时使用的特定短语；（4）外在社交层面——描述在较不亲密的圈子中玩游戏或娱乐活动时使用的关键短语；（5）生物学层面——描述游戏为参与者提供的抚慰方式的性质；（6）存在主义层面——说明游戏通常是建立在什么样的心理立场之下的。

关联：列出与游戏互补、联合或对立的游戏名称。

对游戏的充分理解只能在心理治疗的情况下获得。玩毁灭性游戏的人比玩建设性游戏的人更频繁地寻求治疗师的帮助。因此，我们对大多数游戏的理解基本上是有破坏性的。但是读者应该记住，一些建设性的游戏是由更幸运的人来玩的。为了避免游戏概念被庸俗化，就像许多精神病学术语一样，我们再次强调这是一个非常准确的概念：游戏应该通过之前给出的标准明确定义，与程序、仪式、消遣、运作、策略以及来自各种心理地位的态度是有区别的。游戏是从一个心理地位开始玩的，但心理地位本身或与之相关的态度并不是游戏。我们希望通过重新组织语言，保持原意不变，使其更加流畅易懂。

二、口语表达

　　这里使用的许多口语词汇都是病人提供的。只要考虑到时机和感情，所有这些词语都能被游戏玩家所欣赏、理解并享受。如果其中一些词语看起来不够尊重人，那么讽刺的矛头是指向游戏本身，而不是玩游戏的人的。口语词汇的首要要求是贴切，如果它们听起来很有趣，那正是因为它们一针见血地直击要害。正如我在讨论口语绰号时试图展示的，一整页的学术用语可能无法传达出一个简单的陈述，如称某个女人是泼妇，或者称某个男人是笨蛋。

　　心理真相可以用科学语言表述以满足学术目的，但在实践中有效地识别情感追求可能需要不同的方法。所以我们更喜欢玩"这难道不可怕吗"，而不是"口头表达的 XX 攻击性投射"。前者不仅有更动态的意义和影响，实际上也更准确。这就像人们的确有时在明亮的房间里比在暗淡的房间里恢复得更快。

第六章　生活游戏

在通常的社会环境下，每个游戏都对玩家的生活产生着重要且具有决定性的影响。然而，有些游戏为人们的终身职业提供更多的机会，并且更可能波及无辜的旁观者。我们可以将这类游戏统称为"生活游戏"。其中包括"酒鬼""负债务人""踢我吧""总算抓到你了""看你让我做了什么"以及它们的主要变种。这些游戏一方面与婚姻游戏相互交融，另一方面又与地下游戏有所交集。

一、酒鬼

⌘ 命题

在游戏分析中，并不存在真正的酗酒症患者或"酒鬼"，而是在某些类型的游戏中，存在着一个被称为"酒鬼"的角色。如果过度饮酒的主要驱动力是生化或生理异常（这个问题尚未得到确认），那么这个问题的研究范畴应属于内科医学。而游戏分析关注的是完全不同的问题——与这种过度行为相关的社交交易模式。这就是为何我们有"酒鬼"这个游戏。

在"酒鬼"游戏中，最完整的形式是五个角色参与，不过这个角色分配可能在游戏的开始和结束时都可以缩减为两个。该游戏的核心角色是"酗酒者"，也就是"酒鬼"角色，由怀特扮演。配角一般是其"受害者"，通常是由异性扮演，大多数情况下由配偶扮演。

第二个角色是"救援者"，通常由同性扮演，往往是对病人和饮酒问题都有兴趣的善良的家庭医生。正常情况下，医生会成功地帮助"酒鬼"戒酒。在"酒鬼"已经戒酒六个月后，他们互相庆祝成功。结果第二天，"酒鬼"被发现醉卧在了沟渠里。

第四个角色是被称为"替罪羊"的人，或者说是傻偪。在一些文学作品中，这个角色通常由给"酒鬼"提供信贷的熟食店老板扮演。他会为"酒鬼"提供一份三明治，或许还会给他倒杯咖啡，他既不对"酒鬼"施加压力，也不会尝试去拯救他。在生活中，这一角色更多地由"酒鬼"的母亲扮演，她会给他金钱上的帮助，同情他，因为他的妻子不理解他。这时"酒鬼"会被要求拿出一个看似合理的理由，来解释他需要金钱的原因。其实，大家心知肚明他会用那笔钱干什么，但依然会假装相信那个理由。有时，"替罪羊"会发展成另一个角色，成为一个有帮助但并不重要的角色"鼓动者"，或成为一个主动为"酒鬼"提供补给的"老好人"，他会这么说："过来陪我喝一杯吧！（这样你会醉得更快）"。

在所有涉及饮酒的游戏中，一种常见的专业角色是酒保或者酒类销售员。在"酒鬼"游戏中，他扮演着第五个角色，也就是供应者，他不仅提供酒，而且对"酒鬼"的言论深有体会，对瘾君子来说，他可能是其生活中最有意义的人。专业角色和其他参与者的不同之处在于：专业人士知道何时该停止。当情况严重到一定程度时，一个称职的酒保会拒绝为"酒鬼"提供酒，除非"酒鬼"能找到一个更宽容的供应者，否则他就无法继续他的饮酒生涯。

在"酒鬼"游戏的初级阶段，妻子可能扮演所有三个辅助角色：她在夜晚像傻瓜一样照顾他，帮他脱衣服，给他泡咖啡，听他抱怨；早晨时，她又成为迫害者，责备他的行为；到了晚上，她又变成救援者，恳求他改变这种糟糕的生活方式。到了游戏的后期阶段，有时由于自然退化，就不再需要迫害者和救援者的角色了，但如果他们愿意继续提供，也仍会被接受。比如酒鬼可以去救济院，得到一份免费的食物，从而被救助；或者为了一份施舍，他不得不忍受业余的或专业的人士的责备。

目前的经验显示，"酒鬼"游戏中的获益（这是所有游戏的通性）常常被大多数调查者所忽视。在对这个游戏的分析中，饮酒本身只是一种次要的乐趣，带有额外获益的成分，但也正是这一点通向了真正快感——宿醉。另一种名为"倒霉鬼"的游戏也是这样：制造混乱，虽然吸引了大部分的注意力，但这种让"酒鬼"乐在其中的手段，也让其愉快地走向游戏的关键点，那就是从他人那里得到宽恕。

对"酒鬼"来说，"酒鬼"并不仅仅指身体上的不适，更多的是心理上的折磨。喝酒者最喜欢的两种话题是"马提尼"（饮酒的数量和混合方式）和"宿醉"（描述他们的宿醉经历）。"马提尼"主要是社交饮酒者的游戏，而很多"酒鬼"更偏爱在心理层面上经历"宿醉"的挣扎，诸如"匿名戒酒会"这样的团体恰恰为他们提供了无尽的机会。

每个狂欢饮酒后的患者去看心理医生时，他都会以各种各样的名字称呼自己；而心理医生其实并未发一言。后来，怀特在治疗小组中回顾这些经历时，会心满意足地宣称心理医生给他取的那些名字。不难发现，许多"酒鬼"在治疗环境中会避重就轻地谈论话题，其焦点并不在他们的饮酒行为上，而是对受害人的防备和他们酒后的痛苦遭遇。他们饮酒的目的，除了个人的享受外，更是为了构建一个场景，在这个场景中，他们可以受到来自父母自我状态以及任何环境中的父母角色的严厉责骂。因此，这个游戏的治疗应该集中在饮酒后的第二天，而不应在沉溺于自我责备的状态中进行。然而，一些严重的饮酒者并不会有宿醉的症状，这类人并不在我们当前讨论的范围之内。

另外一个游戏版本是"清醒的酗酒者"，在这个游戏中，怀特并不喝酒，而是因财务或社会地位的下降而产生与酗酒者相同的境况，因此需要"酒鬼"游戏一样的角色支持。关键问题在于第二天早晨。实际上，"清醒的酗酒者"与"酒鬼"之间的相似性强调了两者都是游戏；比如，被解雇的经过在两者中都是一样的。"瘾君子"游戏与"酒鬼"类似，但更为狡诈、更富戏剧性、也更耸人听闻，当然也发展得更快。在我们的社会中，这种游戏的进行得益于有着随时可用的受害者，而救援者和傀儡的数量相对较少，联络人则在这里发挥了更重要的作用。

在"酒鬼"游戏中，涉及许多组织，有些是在全国甚至国际范围内运营的组织，有些则是地方性的组织。这些组织中有很多都为这个游戏制定了规则。几乎所有组织都详细解释了如何扮演酒鬼的角色：比如说早餐前就开始喝酒，将预留给其他事情的钱用于购买酒等等。他们也解释了救援者的职能。[1]

同时，还有一些组织专注于改善其他参与者的处境。有些组织会对配偶施加压力，使他们的角色从受害者转变为救援者。对于酒鬼的青少年子女，最接近理论治疗的理想状态是鼓励其从游戏本身中解脱出来，而不仅仅是让他们变换角色。

对于酒鬼的心理治疗，也在于让他完全停止玩游戏，而不仅仅是从一个角色转变为另一个角色。要找到一个比酗酒更有趣的替代者对他们来说是一项艰巨的任务，但在某些情况下，这至少是可行的。由于他们非常害怕亲密关系，而替代者必须是另一个游戏，而不是一个无游戏的关系。所谓得到治愈了的酒鬼往往不再有足够刺激的社交生活，于是会感到生活缺少了激情，总是被诱惑回到过去的生活方式。真正的"游戏治愈"标准应该是，被治愈的酒鬼依然能在社交场合喝酒，但不会将自己置于危险之中。因此，通常的"完全戒断"治疗根本无法达到游戏分析师的要求。

从这个游戏的描述中，我们可以看出救援者往往被强烈地吸引去玩"我只是想帮助你"的游戏；受害者倾向于参与"看看你对我做了什么"的游戏；对傀儡最有吸引力的游戏可能是"老好人"的游戏。随着酗酒症被宣扬成一种疾病，酗酒者开始被救援组织教导去玩"木腿"游戏。这种情况在法律的特殊关注下得到了鼓励，焦点已经从受害者转移到救援者，即从"我是一个罪人"转变为"你能期待一个病人做什么呢？"（这是现代思维的一种转变趋势，即从宗教向科学转变）。从存在主义角度看，这种转变可能引发争议，从实践的角度看，它似乎并没有减少对重度饮酒者的酒精销售。然而，对于大多数人来说，匿名酗酒仍然会是接受治疗的最佳入口。

⌘ 反命题

众所周知，"酒鬼"通常是一种会令人疯狂投入而难以放弃的游戏。在一个案例中,一位治疗小组的女性酗酒者基本没有参与进来,直到她对其他参与者有了足够多的了解后才投入游戏中,然后她让小组的成员说出对她的看法。因为她看起来友好,每个人便都对她说了一些好话,但她却抗议说:"这不是我想听的。我想知道你们真实的看法。"她明确地表示自己在寻找负面评价。当其他女性拒绝这个请求时,她就跑回家告诉丈夫如果她再喝酒,要么和她离婚,要么把她送去医院。她的丈夫答应了,结果那天晚上她就喝醉了,丈夫把她送去医院。在这里,小组的其他成员拒绝扮演她分配给大家的受害者角色,尽管每个人都在努力强化她已知悉的东西,但她无法接受这种反对行为。然后转而回到家里,她找到了那个愿意按照她的要求扮演角色的人。

然而,其他案例显示,可以通过充分的预备工作使患者随时放弃游戏,进而尝试真正的社会治疗。心理医生在真正的治疗中不会扮演"受害者"或"救援者"。同样,如果允许患者放弃付费和守时的义务,那么就算他扮演了"傀儡"角色也对治疗毫无意义。从互动角度看,正确的治疗程序应是在做好详细的初始准备工作之后,采取成年自我状态的契约立场,拒绝扮演任何角色,希望患者不仅能忍受戒酒,还能戒掉游戏。如果他不能做到这一点,那么就把他交到"救援者"手中。

打破游戏的确十分困难,因为在大多数西方国家,重度饮酒者往往被视为应受到谴责、关注或施与援助的对象,而那些拒绝扮演这些角色的人常常会激起公众的愤怒。对"救援者"来说，理性的方法可能比对"酒鬼"更令人忧心，有时可能会对治疗产生不良影响。在一个临床案例中，一群工作人员对"酒鬼"游戏非常感兴趣，于是试图通过打破游戏，而不是扮演"救援者"，来实现真正的治疗。但是，一旦这种情况得到曝光，他们就会被支持诊所的非专业委员会封杀，不再被邀请协助治疗这些患者。

⌘ 关联

在"酒鬼"游戏中，存在一个有趣的环节，被称为"干一杯"，最初是由一位敏锐的精神病学学生发现的。场景是这样的：怀特和他的妻子（一个不饮酒的受害者）与布莱克及其妻子（两个"傀儡"角色）一起去野餐。怀特对布莱克说："干一杯！"如果对方接受，那么怀特就有了继续喝下去的理由。如果布莱克拒绝，那么游戏就被搁置下来。按照通常的喝酒礼仪，怀特会感到自己被冒犯，于是在下一次野餐时会寻找更愿意配合的伙伴。

某些在社会层面上看起来像是成年自我状态的"礼仪"，实则在心理层面上是一种无礼，怀特正是通过这种行为，在他的妻子面前大张旗鼓地引诱对方喝酒，一旦得到布莱克父母自我状态的接受，那么他的妻子将毫无反驳之力。实际上，正是基于她对这种行为的"无力"抵抗，怀特的妻子才会同意这个安排，因为她也希望这个游戏能进行下去，只有游戏不被打破，她才能继续扮演受害者的角色，而她的丈夫则继续扮演酒鬼的角色。自然而然地，野餐结束后的第二天早晨，她也才会有理由责备他。如果怀特是布莱克的老板，这一变量会让事情变得复杂得多。

总体来说，扮演"傀儡"的工作并不像名字所影射的那么糟糕。"傀儡"的扮演者往往是孤独的人，他们可以通过善待"酒鬼"而得到实际的回报。类似的另外一个例子是扮演"老好人"的熟食店老板，他们通过这种扮演在自己的社交圈积累了好名声，树立起慷慨大度、会讲故事的人格魅力。

顺便说一下，"老好人"的另一个变体是寻找如何更好地帮助人的建议。这是一个愉快且具有建设性意义的游戏，值得鼓励。相对应的是学习暴力行为或寻求如何伤害人的建议，尽管这类游戏可能并不会真的去实施伤害行为，但确实会勾结坏的玩家，然后扩张声势，正如法语中所说的"un fanfaron de vice"（恶行吹牛者）。

分析

命题：我就是这么坏，你能把我怎么样。

目标：自我惩罚。

角色：酒鬼、受害者、救援者、傀儡、联络人。

心理动力：口头剥夺。

范例：（1）看你能不能抓住我。由于这个游戏的复杂性，很难找到其原型的对应关系。然而，孩子们，特别是"酒鬼"的孩子们，经常会经历许多酗酒者特有的行为。"你能把我怎么样"包括撒谎、隐匿、寻找负面评论、寻找乐于助人的人、寻找一个慷慨施舍的邻居等。自我惩罚通常会推迟几年或更久的时间。（2）酒鬼及其社交圈子。

社交范式：成人自我状态—成人自我状态。

成人自我状态："告诉我你对我的真实看法，或者帮我戒酒。"

成人自我状态："我将对你坦诚。"

心理范式：父母自我状态—孩子自我状态。

孩子自我状态："你能把我怎么样。"

父母自我状态："你必须戒酒，因为……"

运作步骤：（1）挑衅—控告或原谅；（2）放纵—生气或失望。

获益：（1）内在心理层面——（a）作为一个程序的饮酒——反抗，安慰和满足的渴望；（b）"酒鬼"作为一个游戏——自我惩罚（可能）。

（2）外在心理层面——避免性别和其他形式的亲密。

（3）内在社交层面——看你能不能阻止我。

（4）外在社交层面——"宿醉""马提尼"和其他消遣。

（5）生物学层面——交替的爱与愤怒的交换。

（6）存在主义层面——每个人都想剥夺我的自由。

二、债务人

⌘ 命题

在美国，"债务人"不仅仅是一种游戏，它更像一个贯穿一生的生活脚本，就像非洲和新几内亚丛林部落的人所做的那样。[2] 在那里，一个家族会花重金为家族内的年轻人买新娘，而这会让这个年轻人在未来数年都负债累累。在美国，这样的习俗正以不同的方式上演，只不过新娘变为了房贷，施与援助的亲人角色由银行承担起来。

为了显示自己的成功，新几内亚的年轻人会挂上一个旧手表，而美国的年轻人会戴上一款新手表，以此寓意他们的生活有了明确的"目标"。值得庆祝的大事件，如婚礼或乔迁，往往并不代表债务的偿清，恰恰是债务的开始。例如，电视上强调的不是那些终于偿清房贷的中年人，而是那些刚刚搬进新房，骄傲地挥舞着将束缚他们大半生生产力的购房合同的年轻人。当他偿清了所有的债务，如抵押贷款、孩子的学费和保险，反而会被视为一个新的问题，一个需要社会为其提供物质和精神满足，以及新的"目标"的"老年公民"。在新几内亚，一个非常聪明的老年人，有可能成为一个大债权人而非债务人，但这种情况相对较少。

当我正在写这篇文章时，一只阴沟虫子正爬过桌面。如果你把它翻到背面，你会看到它为了重新站起来付出了怎样的努力，在这期间，它的生活就有了一个明确的"目标"，成功翻身时，你甚至可以从它的脸上读出胜利的神情。它离开后，你还可以发挥想象，它在下次的聚会上兴致盎然地讲述自己的这段经历，并享受着被年轻一代视为偶像的满足感。然而，在它的自满中，也混杂着一丝失落，因为这次成功预示着他未来的生活失去了目标。也许它希望再次经历这样的胜利，你可以在它的背上做个标记，如果它再次冒险，你能一眼将其认出。

然而，大部分的美国年轻人只有身处压力之时才会谨慎地审视他们的债务。当他们感到压力，或经济萧条时，背负这项债务的责任感会成为鼓励他们振作，甚至阻止某些人自杀的动力。在他们人生大多数的时间里，他们都会潇洒地玩着这场名为"如果不是因为债务"的游戏，并乐在其中。只有少数人会将这个严肃的"债务人"游戏当成毕生要完成的目标。

"试图讨债"（Try and Collect，简称TAC）是年轻夫妇中最常玩的游戏，它展示了如何设置游戏能使玩家走任何路都能"赢"。怀特夫妇用信用卡购买了各种商品和服务，可以是小额的，也可以是奢侈的，这主要取决于其身后背景以及其父母或祖父母是如何教他们玩这个游戏的。如果债权人在催收几次后就放弃，那么怀特夫妇就能无条件地享受他们的购物成果，甚至不用受任何处罚，那么在这个意义上来说，他们算是"赢家"了。如果债权人持续催收，那么他们也能享受到边被追债边享用购买物品的乐趣。但如果债权人决定采取行动，游戏就变得有挑战性了。债权人将不得不采取极端措施来讨债，这些措施通常带有强制性，比如找怀特的雇主，或者开一辆写着"收债代理"横幅的卡车堵在他家门口。

到了这个阶段，游戏将发生逆转。一般来说当债权人会在"第三封催缴信"中明确指出，"如果你在48小时内不出现在我们的办公室……"，怀特知道他必须偿还债务了，但因为债权人的强制措施，又似乎让他有足够的理由感到愤怒。于是，他改变了游戏规则，开始玩"我终于逮到你了，你这个混蛋"的游戏。在这个游戏中，他通过证明债权人贪婪、无情和不可信，赢得了胜利。这样做有两个明显的获益：①它强化了怀特的立场，即"所有的债权人都是贪婪的"；②它为他带来了大量的社交收益，因为他现在可以公开在朋友面前抨击债权人，而不会损害他"老好人"的形象。他甚至可以通过与债权人的对抗赢得更多的社交利益。这也证实了他利用信用系统的行为是正确的：如果债权人的做法果然像他宣称的那样，那么为什么要付钱给他们呢？

"债权人"游戏的另一个版本，名为"试图逃避责任"（Try and Get Away With It，简称 TAGAWI），往往是小财主们玩的游戏。TAC 和 TAGAWI 的玩家能够轻易地识别对方，因为他们都对游戏潜在的交互获益和娱乐性心生欢喜，并愿意与对方打成一片。无论谁最终赢了钱，他们都有机会改善对方在"为什么这种事总是发生在我身上？（Why Does This Always Happen to Me，简称 WAHM）"这个游戏中的表现。

关于金钱的游戏可能会带来严重的后果。如果这些描述听起来像是在开玩笑，并不是因为这些事本身都是琐事，而是因为它们揭示了那些人们被教导要认真对待的大事背后存在的琐碎动机。

⌘ 反命题

要想破解 TAC 游戏，也就是找到它的反命题，显然是"立即还款"。但是，一个熟练的 TAC 玩家总是可以找到绕过这个障碍的办法，除非他遇到的是史上最严苛的债权人。TAGAWI 的反命题是"准时"和"诚实"。由于硬核的 TAC 和 TAGAWI 玩家都是专业人士，所以业余者和他们玩这个游戏的机会就像是与职业赌徒对战一样。虽然业余者赢的可能性很小，但如果他选择参与这些游戏，至少可以从中找到乐趣。这两种游戏都被看作严肃的传统游戏，对于专业人士来说，没有什么比遭遇业余玩家的嘲笑更令人不安的了。在金融界，这尤其是一大忌。在笔者收到的报告案例中，在街上嘲笑偶遇的债务人，对他来说就像在玩一个反"倒霉鬼"游戏，让人感到困惑、沮丧和不安。

三、踢我吧

⌘ 命题

现在讨论的是一个叫"踢我吧"的社交游戏，它就像一个衣服上贴着"请别踢我"标签的人，却总是困惑为何总是被人踢。当然，抵抗踢他的冲动几乎不可能。每次被踢，他都会惊讶地呼喊，"标签上明明写着'不要踢我'"，然后疑惑地加上，"为什么这种事总是发生在我身上？"（WAHM）从临床角度看，WAHM 可能会被内化，被掩盖在日常心理学中，例如："每当我感到压力，我就会变得非常紧张。"因此这个游戏还隐藏着一种反常的自豪感："我比你更惨。"这种常见于偏执型人格。

如果他周围的人因为善良的本性或"我只是想帮你"，或者由于社会习俗和组织规则而无法攻击他，他的行为就会变得更具挑衅性，直到把对方逼到不得已只能攻击他的地步。最终，这种人的结局是被驱逐、被拒绝，甚至失去工作。

女性中也有类似的游戏，被称为"穿破旧衣服"。这些女性往往来自有教养的阶层，却故意穿着破旧。由于一些所谓的"正当"原因，她们的收入永远不会超过生活所需。如果她们偶然获得额外的收入，就会招致一些拥有进取心的年轻男性去帮助她们处理这笔财产，这些男性会以一些毫无价值的商业股份或类似的东西作为回报。这类女性被亲切地称为"妈妈的朋友"，因为她们总是乐意给身边的年轻人提供父母自我状态下的一些建设性的建议，以及一些基于他人经验的生活帮助。她们的 WAHM 游戏往往是无声的，只会通过努力应对的态度暗示了"为什么这总是发生在我身上？"

对于那些适应力强的人来说，他们经常会体验到一种WAHM，即他们的回报和成功经常超过自己的预期。在这种情况下，WAHM 可能会激发人们进行深入和有建设性的思考，如果它以"我做了什么才能获得这些？"的形式出现，那么它往往就成为一种有利于个人成长良好观念。

四、总算抓到你了

⌘ 命题

这种情况在扑克游戏中有一个典型的例子。想象怀特手上有四个 A，这几乎是无法被击败的王牌。如果他是一个擅长"总算抓到你了"这一游戏的玩家，那么他感兴趣的点应该在于对方完全受自己摆布这一状态，而非赢牌或赚钱。

再比如，怀特需要装修一些管道，他在委托管道工开工前详细研究了费用，然后确定好价格，约定不再支付额外费用。然而，当管道工提交账单时，却加上了额外的费用，因为需要安装一个事先未预料到的阀门，这意味着怀特需要在约定好的四百美元的费用上多付四美元。怀特愤怒地打电话给管道工要求解释，但管道工丝毫不打算退让。怀特于是写了一封长信，从诚信和道德方面谴责了对方，并拒绝支付账单，直到额外的费用被撤销。最后，管道工让步了。

显然，怀特和管道工是在玩一场游戏。他们在交涉过程中，发现了彼此的游戏潜力，管道工在提交账单时率先发起挑衅，从而引发了游戏。因为怀特与管道工在先有约，所以管道工显然是错的，这让怀特感到他有足够的理由向他发起攻击。怀特并没有以成人自我状态的身份去交涉，而是带有一点"终于逮到你了"那种无故对管道工的整个生活方式进行了全面的否定和批评。从表面上看，他们的争议是成年人之间的一场为了工钱的合法商业纠纷，但在心理层面上，这更像是父母自我与成年自我的对话：怀特利用他那微不足道但在社会上具有防御作用的社交立场，向欺骗他的对手释放了多年积压的愤怒，就像他记忆中母亲在类似情况下会做的那样。他很快认识到了自己的游戏态度，并意识到他从管道工的挑衅中获得了极大的满足。然后他回想起了这不正是自己一直在寻找的那种不公正的经历吗？然后满心欢喜地接受并充分利用它们。在他过往的经历中，他其实已经忘记了令自己真正愤怒的点是什么，记住的只有斗争的过程。显然，对于维修工来说，他陷入了"为什么这种事总是发生在我身上"这一游戏变体中。

"总算抓到你了"是一个涉及两个参与者的游戏，它需要与"这太可怕了"（Ain't It Awful，简称 AIA）游戏区分开来。在 AIA 中，行动者会寻找不公平的事情以便向第三方抱怨，这形成了一个由侵犯者、受害者和密友组成的三角关系。AIA 的口号是"同病相怜"，因此，密友自然而然地也参与到 AIA 游戏中来。另一方面，"为什么这种事总是发生在我身上？"也是三角游戏，只不过这里的行动者总是试图证明自己不幸生活中的优越性，并对其他不幸者的竞争感到不满。"总算抓到你了"被商业化了，并演变为一个三角的"獾游戏"，同时它也可以以微妙的形式存在于两人的婚姻游戏中。

⌘ 反命题

"总算抓到你了"的反命题，也就是破解它的最好策略是矫正行为。第一时间就应与玩家建立明确的契约关系，并严格执行。比如，在临床实践中，未能履行的预约或取消的支付问题必须明确说明，并采取额外的预防措施，以避免在记账上出现问题。如果出现未预料的争议，对抗策略就是在没有辩论的情况下优雅地让步，直到治疗师准备处理这个游戏。在日常生活中，与"总算抓到你了"玩家的商业交互总是有风险的。这类人的妻子应该始终对其以礼相待，避免对其进行任何轻浮、虚夸、轻蔑的言行，特别是当她的丈夫看似默许甚至怂恿她这么做的时候。

分析

命题：总算抓到你了

目标：证明自己的理由。

角色：受害者、侵犯者。

心理动力：嫉妒的愤怒。

范例：（1）我这次抓到你了。（2）嫉妒的丈夫。

社交范式：成年自我状态—成年自我状态。

成人自我状态："看，你做错了。"

成人自我状态："现在你提醒我，我想我是这么做了。"

心理范式：父母自我状态—孩子自我状态。

父母自我状态："我一直在看着你，希望你能出错。"

孩子自我状态："你这次抓到我了。"

父母自我状态："是的，我会让你感受到我愤怒的全部力量。"

运作步骤：（1）挑衅—指责；（2）防御—指责；（3）防御—惩罚。

获益：（1）内在心理层面——对愤怒的证明；

（2）外在心理层面——避免面对自己的不足；

（3）内在社交层面——总算抓到你了；

（4）外在社交层面——他们总是想得到你；

（5）生物学层面——通常是同性之间的好战交换；

（6）存在主义层面——人们是不可信的。

五、看你让我做了什么

⌘ 命题

该游戏的经典形式是一种存在于婚姻中的游戏，但也可能发生在父母和孩子之间，或者工作场所。事实上，它是一种非常有破坏力的婚姻游戏，可划分为三级破坏程度。

1. 一级程度

我们可以称游戏发起人为怀特，怀特感觉自己不善交际，于是投入一种独自活动、远离他人的状态。也许他只是想一个人静静地待着。此时，有人打破了这种平静，可能是他的妻子或者孩子，也许只是出于对他的安抚或日常询问，比如"你知道长嘴钳放在哪吗？"然而，这个突如其来的打扰使他的凿子、画笔、打字机或电烙铁滑落一地，所以怒气冲天地大喊："看你让我做了什么"。当这种情况反复发生以后，家人就会越来越倾向于在他专心做事的时候不去打扰。但让他真正分心的不是别人，而是他自己的烦躁。当他为这种烦躁找到一个发泄口时，他会感觉舒服很多。不幸的是，这种游戏很容易被小孩子学会，于是一代代地在家庭中传下去。越投入这种游戏，参与者越能获得满足感，从而让它变得更加吸引人。

2. 二级程度

如果这个游戏成为一种基本的生活方式，而不仅仅是偶尔用来防御的东西，那么怀特可能会选择一个擅长玩"我只是想帮助你"或者类似游戏的人作为伴侣。因为，他可以轻易地把决定权交给她，而且表现出对她的尊重和礼貌，让她决定去哪里吃饭或看哪部电影。如果事情顺利，他可以享受这一切；如果事情不顺利，他也可以责备她，并暗示"是你"，这是"看你让我做了什么"的一种游戏变体。或者，他可以把孩子的教育问题全部丢给她，他只负责执行。当孩子不开心时，他就可以再次玩这个游戏；如果孩子们表现不好，他就有理由常年责备母亲的不合格。其实，游戏本身从来没有结束过，它只是利用游戏的机会对妻子说"我早跟你说过会这样"或"看你都做了什么"。

职业玩家也会在工作中玩"看你让我做了什么"这种心理游戏。在职业版的"看你让我做了什么"中，充满怨气、忍气吞声的痛苦表情取代了言语。游戏玩家会打着"民主"或"和善"的名义向他的助手征求建议。这样他能巩固自己的地位，并以此来震慑他的下属，他犯的任何错误都可以归咎于下属身上。有时也用同样的方法对待上级（将自己的错误归咎于决策上的失误），而这直接会导致自我毁灭，可能被解雇，在部队的话可能会被调到其他连队。在这种情况下，游戏对于满怀怨气的人说，就变成了"为什么这种事总发生在我身上？"的变体，而对于抑郁的人说，又成了"我又这样了"的变体——这两者都属于"踢我吧"游戏家族的一员。

3. 三级程度

"看你让我做了什么"游戏的顽固形式是患有偏执症的人对轻率地给出建议的人的抵制（参见"我只是想帮助你"）。在这种情况下，它是危险的，甚至在极少数情况下可能是致命的。

"看你让我做了什么"（See What Made Me Do，简称SWYMD）和"是你让我陷入这种境地"（You Got Me Into This，简称UGMIT）很好地互补了对方，所以 SWYMD—UGMIT 的组合在很多婚姻中形成了游戏契约，并成为婚姻的根基。这个契约可以通过以下的序列来说明。

根据怀特夫妇二人的共同协议，由于怀特先生"对数字不敏感"，就由怀特的妻子负责家庭账目和支付账单。结果没隔几个月，他们就收到透支的通知，怀特先生不得不去银行善后。查看账单时，才发现问题出在怀特的妻子私自购买了一件昂贵的东西。当这件事被揭露时，怀特先生愤怒地发起了 UGMIT 游戏，怀特的妻子只得含泪接受他的责备并承诺不再让这样的事情发生。一切回复如初，夫妻二人在平稳地度过一段时间后，某一天债权人的代理突然出现，要求他们支付长期欠款。怀特先生从没有听说过这笔账单，于是询问他的妻子。然后，她随即抛出 SWYMD 游戏，将问题归咎于丈夫。因为他禁止她透支账户，所以她唯一能做的就是对所有债务不予以支付，并隐瞒债务催缴单。

这类游戏已经持续上演了十多年，原因在于每次发生都会被认为是最后一次，并期待此后事情就会有所不同，但结果是只能维持几个月的平静。在治疗过程中，怀特先生在没有治疗师的帮助下非常巧妙地分析了这个游戏，而后设计出一个有效的补救办法。经双方同意，他把夫妇二人所有的信用账户和银行账户都放在自己的名下。怀特的妻子继续负责管理账目和生活开支，但前提是怀特先生要首先过目账单再决定是否支付。这样，他就能有效防止欠款和透支，他们现在共同分担预算的工作。没有了 SWYMD—UGMIT 组合游戏所带来的满足感和获益，怀特夫妇一开始感到困惑和不适，但慢慢地，二人从彼此之中找到了更开放和更具建设性的满足类型，于是和睦友好地相处下去。

⌘ 反命题

一级 SWYMD 的破解方法是让玩家独自一人，二级 SWYMD 的破解方法是让决定权回归怀特先生。一级玩家可能会觉得孤独，但至少很少再生气；如果二级玩家是被迫参与进来的，那么他可能会生气，这将使反 SWYMD 导致不愉快的结果。三级 SWYMD 的破解办法是交给有能力的专业人士处理。

分析

该游戏的目的是为自己的行为辩护。就心理学动力而言，轻型 SWYMD 可能与早泄有关，重型 SWYMD 可能与"阉割"焦虑产生的愤怒有关。儿童很容易学会这个游戏。明显的外部心理获益（责任逃避）是突出的，这个游戏通常是由迫在眉睫的亲密关系引发的，因为"合理的"愤怒为避免性关系提供了一个好的借口。存在的心理立场是"错不在我"。

⌘ 说明

感谢加利福尼亚州奥克兰酒瘾主题治疗和教育中心的罗德尼·纳斯博士和弗朗西斯·马特森女士，以及肯尼思·埃弗茨博士、R. J. 斯塔雷尔斯博士、罗伯特·古尔丁博士和其他对此问题有特殊兴趣的人，他们在研究"酒鬼"游戏上持续不断的努力，以及对本书当前讨论的问题所做出的贡献和批评。

注释：

1. Berne, E. *A Layman's Guide to Psychiatry & Psychoanalysis.* Simon&Schuster, New York, 1957, p. 191.

2. Mead, M. *Growing Up in New Guinea.* Morrow, New York, 1951.

第七章　婚姻游戏

几乎任何游戏都可以构成婚姻生活和家庭生活的框架，但有些游戏在法律约束下的亲密关系里更易盛行，比如"如果不是因为你"；有些游戏则更容易长时间忍受，如"冷淡的女人"。此刻，我们暂且将婚姻游戏与两性游戏区分开来，后者将在另一个部分单独讲述。那些在婚姻关系中将发展成最完全形式的游戏包括"困境""法庭""冷淡的女人""冷淡的男人""困扰""如果不是因为你""看，我已经尽力了"和"亲爱的"。

一、困境

⌘ 命题

游戏"困境"更清楚地揭示了它在阻碍亲密关系方面具

有绝对的操纵性。但这个游戏又有一个令人费解的矛盾之处，那就是玩家对其他参与者总有一种欲拒还迎的态度。

1.怀特的妻子建议丈夫去看一场二人电影。怀特同意了。

2.第一种情况：怀特的妻子"无意识"地犯了一个错误。谈话时，她不经意地提到了房子需要重新粉刷的问题，这是一笔不小的开销，尤其怀特不久前才告诉她家里的财务状况堪忧。他明确要求妻子至少在下个月前，不要提出额外的支出或造成更严重的财政困难来让他烦恼。因此，提到房子需要粉刷的时机并不恰当，导致怀特给出了粗鲁的回应。

另一种情况：怀特先生围绕房子的问题展开了话题，使怀特的妻子不由自主地提出了粉刷房子的要求。这种情况也同样会导致怀特先生粗鲁的回应。

3.这惹怒了怀特的妻子，于是发起反攻，说如果他继续发脾气，那她就不会陪他一起看电影，他最好自己一个人去。怀特也表示如果她这么想，那么他宁可独自去。

4.怀特独自去看了电影（或者和朋友们出去），留下妻子在家消愁。

在这个游戏中，包含两种小心机：

（1）按照以往的经验，怀特的妻子非常清楚，她不应该给丈夫增添烦恼，丈夫真正想要的是她能理解他辛勤工作赚钱养家的不易。如果她做出了恰当的表示，他们仍可以一起开心地出去。但她拒绝配合，丈夫为此感到非常失望。丈夫看似毫不在乎地离开了，但带着满腔的失望和怨恨，而留在家里的妻子看起来受到了冷落，但内心却有一种隐隐的胜利感。

（2）按照以往的经验，怀特非常清楚，他不应该把妻子的赌气当真。她真正想要的是丈夫的甜言蜜语，然后他们仍可以一起快乐出门。但他拒绝配合，他非常清楚自己并非真心想要拒绝，他明知道妻子正等着被哄，却假装不懂。他离开家后，内心得到释放，但却表现出受到委屈的样子。而留下来的妻子则满腔怨恨。

再没有经验的人也不难看出，上面两种情况的赢家心理立场都是"错不在我"，他们所做的都是按字面意思理解对方，把对方的气话当真看。这在第4种情况的（2）中更清楚，怀特把他妻子拒绝看电影的话当真了，他们都知道这里暗含着小心机，但话已出口，就只能把自己逼入了绝境。

这个游戏带来的最明显的收益是外在心理层面的获益。夫妻二人都或多或少地预见到从电影院回来后，他们可能会进行一场亲密活动。因此，任何想要避免这种亲密行为的人都会在前文2中的任一种情况中启动这个游戏。这就成了令人烦恼的"争吵"（参见第九章）游戏的变体。显然，"被冤枉"的一方可以借此为由拒绝这场亲密行为，而被逼入绝境的一方则根本无计可施。

⌘ 反命题

破解的方法很简单，尤其对于怀特的妻子来说。她只需要改变主意，挽着怀特的胳膊，微笑着和他一起出门（从孩子的自我状态转变为成人的自我状态）。对于怀特来说，可能要困难一些，因为此时是妻子掌握主动权。如果他能说服她一起出门，那么妻子要么成为一个得到安抚的孩子自我状态，要么回归成人自我状态，如果是后者，那么情况就更好了。

不难看出，"困境"游戏与一般涉及孩子的家庭游戏有所不同，它更类似于贝茨森和他的同事们描述的"双重束缚"。[1] 在这种情况下，孩子陷入困境，无论他做什么都是错的。据贝茨森学派的观点称，这可能是精神分裂症的一个重要病因。换句话说，精神分裂症可能是孩子对"困境"游戏的反抗行为。使用游戏分析来治疗成年精神分裂症患者验证了这一观点——也就是说，如果分析家庭的"困境"游戏，能证明精神分裂行为是特意为了对抗这个游戏而进行的，那么这意味着精神分裂的症状可能会在准备充分的患者身上得到部分或完全缓解。

"困境"的日常形式通常由全家人共同参与，这种情况最可能影响孩子的性格发展，而困境事实上是由喜欢干涉的"父母自我状态"造成的。小男孩或小女孩被鼓励在家里多帮忙，但当他们真正尝试帮忙时，父母会对他们的工作吹毛求疵——这就是生活中的"无论做不做都是错"的情况。这种"双重束缚"可以被视为两难型困境，而这有时是导致儿童哮喘的病因。

　　小女孩："妈妈，你爱我吗？"
　　母亲："爱是什么？"

　　显然，这个回答给孩子一个措手不及。她想要与母亲讨论情感方面的问题，但母亲却把话题转到了哲学层面，这让小女孩无法应对。她开始呼吸困难，母亲觉得小题大做，直到哮喘发作，母亲才为自己的鲁莽道歉，于是"哮喘"游戏开始上演。这种形式的"困境"游戏，也可以称为"哮喘"的"困境"游戏，它还有待进一步研究。
　　还有一种更为复杂的变体，可以称为"罗素—怀特海德"型"困境"，有时会在治疗小组中使用。

　　布莱克："无论如何，大家保持沉默状态时，没有人在玩游戏。"
　　怀特："沉默本身可能就是一场游戏。"
　　李德："今天没人在玩游戏。"
　　怀特："但是不玩游戏本身可能也是一个游戏。"

　　针对这种游戏类型，破解方法也十分简单，禁止逻辑悖

论即可。当怀特被禁止使用此法时，他的潜在焦虑很快就暴
露出来。

"困境"游戏与"破烂"游戏密切相关，另一种婚姻游
戏"午餐袋"则与它们接近。尽管怀特完全有能力在高级餐
厅吃午餐，但他仍然每天早晨自己做几个三明治，用纸袋装
起来带到办公室使用。这样他就轻松处理了面包皮、昨天晚
上的剩菜和妻子保存的纸袋。而且这一行为让他完全掌控了
家庭财务的控制权，因为在他如此自我牺牲的情况下，妻
子怎么好意思花高价为自己购买水貂皮披肩呢？获益不止于
此，怀特还获得了独自吃午餐，以及在午餐时间工作的特
权。从很多方面来看，这是一个建设性的游戏，至少本杰
明·富兰克林肯定会大力支持，因为他向来鼓励节俭、勤奋
和守时的美德。

二、法庭

⌘ 命题

从描述看，这个游戏属于法律领域中能找到的措辞最鲜
明的游戏类型，其中包括"木腿"（即精神疾病辩护）和"债
务人"（即民事诉讼）。在临床环境中，它最常见于婚姻咨询
和婚姻心理治疗团体。实际上，一些婚姻咨询和治疗团体就

像是在不断地玩"法庭"游戏，但并没有解决任何问题，因为游戏从未被打破。在这些情况下，很明显，咨询师或治疗师被卷入了游戏却不自知。

"法庭"游戏不限参与人数，但其本质是由三方构成的：原告、被告和法官，这三个角色通常由丈夫、妻子和治疗师扮演。如果是在治疗小组中进行或通过广播、电视进行，其他观众则被视为陪审团。游戏通常从丈夫作为原告开始陈述："我来告诉你昨天（妻子的名字）做了什么吧。她取走了……"然后妻子开始辩解："事实真相是……而且在那之前他……而且我们当时都在……"然后丈夫会坦然地说："我很高兴大家有机会听到这个故事的两面，我只是想公平一些。"在这个阶段，咨询师会谨慎地说："我认为如果我们考虑……"如果有观众在场，治疗师可能会把话题转给他们："好的，让我们听听其他人的看法。"或者，如果小组成员已经经过训练，他们将在没有指示的情况下扮演陪审团的角色。

⌘ 反命题

治疗师向丈夫明确表示："你是绝对正确的！"如果丈夫对此表示满意或因为胜利而放松下来，治疗师会追问："我这样说，你觉得怎么样？"丈夫回答："感觉很好。"接着，治疗师说："实际上，我觉得你错了。"如果丈夫是诚实的，他会说："我其实一直都知道。"如果他不诚实，那么他的反应会将游戏继续下去。这个游戏的关键在于，原告在公开宣布自己的胜利时，他其实本质上是认为自己是错的。

在收集了足够的临床信息以明确情况后，治疗师可以通过禁止小组使用（语法上的）第三人称的规定来打破这个游戏，这是所有反游戏策略中最巧妙的一个。从那时起，成员们只能直接称呼对方为"你"，或者谈论自己为"我"，但绝不能说："让我告诉你他／她的事。"这时，这对夫妇会完全停止游戏，或者改为玩"甜心"游戏，这算是进步，或者他们可能会选择"另外"游戏，如果是这种方式，就没有什么实际意义了。"甜心"游戏在后面会有详细描述。在"另外"游戏中，原告会连续提出控诉，被告对每项指控都会做出回应："我可以解释。"原告不听解释，只要被告停顿，他就用另一个"另外"发起新的控诉，然后又是另一次解释——这是典型的父母自我状态—孩子自我状态间的交流模式。

"另外"这种游戏通常受到偏执狂患者的青睐。因为他们会把事情看得过于字面化，尤其容易挫败那些试图通过幽默或隐喻来提出自己诉求的人。总的来说，在"另外"游戏中，隐喻是一个明显的陷阱，需要避免。

在日常生活中，我们很容易在孩子们身上观察到"法庭"游戏。这个游戏经常在两个兄弟姐妹和一位父母之间进行。比如："妈妈，她把我的糖果拿走了。""是的，但他把我的娃娃拿走了，而且在那之前他还打了我，我们本来约定好要分享糖果的。"

分析

命题：他们必须承认我是对的。

目的：寻求安慰。

角色：原告、被告、法官（和／或陪审团）。

心理动力：兄弟姐妹之间的竞争。

范例：（1）孩子们争吵，父母插手；（2）已婚夫妇寻求"帮助"。

社交范式：成人自我状态—成人自我状态。

成人自我状态："她对我做了什么。"

成人自我状态："真实的情况是这样的。"

心理范式：孩子自我状态—父母自我状态。

孩子自我状态："告诉我我是对的。"

父母自我状态："这个人是对的。"或者："你们都是对的。"

运作步骤：（1）提交投诉—辩护；（2）原告提出反驳，让步，或示好；（3）法官的裁决或对陪审团的指示；（4）最终决定提交。

获益：（1）内在心理层面——投射罪状；（2）外在心理层面——获得免责；（3）内在社交层面——"甜心""另外""争吵"等等；（4）外在社交层面——"法庭"；（5）生物学层面——获得法官和陪审团的抚慰；（6）存在主义层面——我总是错的，这种压抑消极的心态。

三、冷淡的女人

⌘ 命题

　　这种情况通常出现在婚姻关系中，因为只有长期的婚姻关系，才能提供充分的机会和条件。一段非正式的伴侣关系很难维系到需要该类游戏出场的时候。

　　丈夫向妻子表达了进行亲密行为的愿望，却遭到了拒绝。在丈夫的几次尝试后，他被妻子告知所有男人都是性欲强烈的野兽，他对她的爱，不是出于对她的欣赏，而只是出于对性的渴望。于是，丈夫只好暂停尝试，一段时间后再次尝试，但结果仍然如此。最终，他放弃了进一步的努力。几周过去了，几个月过去了，妻子似乎刻意开始挑逗行为，有时甚至装作健忘，比如，她只穿着内衣走过卧室，或者在洗澡时借口忘拿干净的毛巾而让他递给她。有时她玩得过火，或者喝醉了，甚至还在聚会上跟其他男人调情。最后，他对这些挑衅做出反应，并再次尝试亲近她。当他再次遭到拒绝时，他们之间终于爆发了一场"争吵"游戏，届时夫妻二人最近的言行、与其他夫妇的关系、亲戚关系、财务状况和他们的失败等话题统统被卷入进来，争吵最后以相互指责，某一方摔门而去结束。

经过这件事，丈夫彻底放弃了，他们必须找到一种无性的和平相处方式。过了几个月，他不再对妻子只穿睡衣走来走去，或者"忘记"拿毛巾的行为做出反应。妻子的挑逗和健忘行为愈演愈烈，但他仍然坚持不去理会。然后有一天晚上，她突然走过来吻了他。最初，他没有回应，因为他想起了自己之前的决定，但很快，长时间的压抑使他控制不住本能的反应，他几乎认为这次他可以成功了。他的第一次尝试并未遭到拒绝，于是他变得越来越大胆。然而，就在关键的一刻，妻子突然退缩，开始哭泣，并说："看，我早告诉过你吧！所有男人都是性欲旺盛的野兽，我只是想得到关爱，但你只关心性！"在这种情况下，接下来的争吵可能会直接跳过夫妇二人最近的行为和亲戚关系，直奔财务问题。

值得注意的是，虽然丈夫一直在努力尝试亲密行为，但他其实也像妻子一样害怕亲密接触。他精心选择了伴侣，意在尽量减少来自亲密行为的困扰和压力，现在他完全有理由将这种压力归咎于妻子。

在日常生活中，这个游戏经常被各年龄段的未婚女性玩，甚至已经有了一个通俗的别称。这也让这个游戏经常与"调情"或粗俗的游戏混为一谈。

⌘ 反命题

这是一个危险的游戏，破解方式同样充满风险，即找一个女人，这本身就是一个冒险。面对如此大的威胁，妻子很可能会放弃游戏，然后回归正常的婚姻生活，但也可能为时已晚。另一方面，她还可以利用这段外遇，在律师的帮助下，通过跟丈夫玩"总算抓到你了"游戏予以反击。如果只有丈夫接受了心理治疗而妻子没有，结果就难以预料了。通过治理，丈夫会变得更为成熟，做出积极的调整，那么妻子的游戏将不攻自破；但如果她是一个高级玩家，丈夫的改进可能会导致离婚。最好的解决方案，是双方都参与婚姻社交组，这样游戏的潜在获益和基本的两性问题将会暴露无遗。有了这个准备，配偶双方可能彻底会对个人心理治疗感兴趣。结果就是可能导致他们在心理层面上破镜重圆。即使不能，全少每个人都会做出比原先更理智的调整。

对日常形式的游戏来说，反命题是寻找另一个社交伴侣。一些更聪明或更残酷的反抗可能会涉及道德败坏，甚至是犯罪领域。

⌘ 关联

反向的游戏，如"冷淡的男人"并不常见，但大体上与其相似，只是在一些细节上有所不同。最后的结果取决于参与者的生活脚本。

"冷淡的女人"的关键在于"争吵"环节的阶段。一旦这个阶段过去，将很难恢复到两性的亲密阶段，因为双方都从"争吵"中得到了一种非常态的满足，不再需要从对方那里得到进一步的性刺激。因此，破解"冷淡的女人"的最重要的手段就是拒绝"争吵"。这会使妻子处于一种对亲密关系求而不得的状态，然后让她变得更加顺从。"冷淡的女人"中的"争吵"并不同于"打我，老爸"中的"争吵"，后者的"争吵"是前戏的一部分，而前者的"争吵"代替了亲密行为本身。因此，在"打我，老爸"中，"争吵"是亲密行为的条件，用来增进情趣，而在"冷淡的女人"中，一旦"争吵"发生，也就意味亲密行为的结束了。

"冷淡的女人"早期版本在狄更斯《远大前程》的描述中能找到原型。一个小女孩穿着精心熨烫的衣服走出来，请小男孩给她做一个泥饼，但她又嘲笑他的手和衣服很脏，同时表明自己是多么干净。

分析

命题：总算抓到你了。

目标：自我辩护。

角色：体面的妻子，轻率的丈夫。

范例：（1）谢谢你的泥饼，你这个脏小孩；（2）挑逗的、冷淡的妻子。

社交范式：父母自我状态—孩子自我状态。

父母自我状态："我允许你给我做一个泥饼（吻我）。"

孩子自我状态："我很愿意。"

父母自我状态："现在看看你有多脏。"

心理范式：孩子自我状态—父母自我状态。

孩子自我状态："看看你能否引诱我。"

父母自我状态："如果你阻止我，我会试试的。"

孩子自我状态："看，是你先开始的。"

运作步骤：（1）引诱—回应；（2）拒绝—放弃；（3）挑逗—回应；（4）拒绝—争吵。

获益：（1）内在心理层面——对于虐待幻想的无罪感；

（2）外在心理层面——避免被人看见和被人侵犯的恐惧；

（3）内在社交层面——"争吵"；

（4）外在社交层面——你会怎么对待脏小孩（丈夫）；

（5）生物学层面——压抑的两性亲密游戏和好斗的交流；

（6）存在主义层面——我是纯洁的。

四、忙碌

⌘ 命题

这是一款家庭主妇经常参与的游戏。作为一个合格的家庭主妇，忙碌的生活要求她要熟练扮演十多个不同的角色。换句话说，她需要优雅地担负起十多个不同的职责。这些职责清单偶尔会以诙谐的方式出现在周日的特刊中：女主人、母亲、护士、女佣，等等。由于这些角色通常都是相互冲突的，经年累月下来，一种形象地被称为"家庭主妇的膝盖"（因为主妇在做摇晃婴儿、擦洗地板、抬重物、驾驶等动作时都会用到膝盖）的症状就会凸显出来，如果用一句话总结，就是："我要累死了。"

现在，如果家庭主妇能够按照自己的工作节奏，在相夫教子的过程中获得足够的满足感，那么她可能会享受自己过去的二十五年主妇生活，当它最小的孩子也离开家去上大学时，她甚至会有一丝落寞。但如果她受自己内心父母自我状态的驱使，被她精心挑选的丈夫责备，同时又无法从照顾家庭中获取足够的满足感，那么她将会越来越不开心。起初，她可以通过玩"如果不是因为你"和"瑕疵"游戏来获得些许安慰（实际上，任何家庭主妇在生活艰难时都可能会这样），但也不过是杯水车薪。然后，她必须找到另一种解决方案，那就是发起"忙碌"游戏。

这个游戏的论点很简单。妻子大包大揽所有的家庭事务，甚至主动要求更多。她也接受丈夫的批评，答应所有孩子的要求。如果需要她举办晚宴，她会要求自己做到全方位完美无缺，如一个健谈的女主人、面面俱到的侍者、室内设计师、晚宴承办人、魅力女性、纯洁的女王和外交官，她甚至会在晚宴那天早上烤了蛋糕并带孩子去看了牙医。哪怕已经疲惫不堪，她依然会让这一天变得更加忙碌。然后，到了下午，她终于崩溃了，结果一事无成。她让丈夫、孩子和客人们纷纷失望，自责让她更加痛苦。这种情况连续发生两三次后，她的婚姻就处于崩溃边缘了，孩子们为此手足无措，而她体重下降、头发凌乱、脸色憔悴、步履沉重。最后，她终于出现在精神科医生的办公室，没准还要住院治理。

⌘ 反命题

从逻辑上来说，破解方法很简单：怀特夫人可以在一周内依次扮演每一个角色，但她坚决拒绝同时扮演两个或更多的角色。例如，当她举办鸡尾酒会时，她可以扮演承办人或侍者的角色，但不能同时扮演两者。前提是如果她只是单纯地患上了"家庭主妇的膝盖"，那么这个方法可以助她解脱。

然而，如果实际上是她本人一直在上演"忙碌"游戏，那么她这就难办了。看上去，丈夫是她精心挑选的，丈夫也确实是一个在某些方面很理智的人，但只要她不像他的母亲那么能干，就会受到丈夫的批评。从这点看，她的丈夫娶的是对母亲的幻想，并将幻想延续在了他的父母自我状态中，就像她也时常幻想成为自己的母亲或祖母。当找到合适的伴侣后，她内在的孩子自我状态为了维持精神状态平衡，就不得不陷入忙碌不堪的角色中，而她也不会轻易放弃。丈夫承担的责任越多，夫妻二人就越容易找到成人自我状态下的理由来维系他们婚姻关系中负面的部分。

当这种心理立场的平衡被打破时（往往是学校方面出于孩子的负面情绪问题而出面进行干预），精神科医生就被邀请来，这就变成了一个三人游戏。丈夫认为妻子是需要被彻底改造的一方，妻子则认为精神科医生应该站在她这一方。至于到底怎样进展，取决于心理治疗师的技巧和警觉性。通常在第一阶段，会率先缓解妻子的抑郁症。第二阶段是决定性的一个阶段，妻子将放弃"忙碌"游戏，转而投入"精神病学"游戏。但这往往会让夫妻双方变得剑拔弩张，虽然它有时候会被隐藏得很好，但总会在某一天突然爆发。如果这个阶段能挺过去，那么游戏分析就可以真正进行下去了。

必须认识到，真正的罪魁祸首是妻子的父母自我状态，而这源于她的母亲或祖母。在某种程度上，丈夫只是她游戏角色中的一个配角，或是一个导火索。治疗师不仅要与妻子的父母自我状态对抗，与全身心投入游戏的丈夫斗争，而且还要对抗鼓励妻子顺从的社会环境。《家庭主妇要扮演多少角色的清单》发表后的一周里，周末版的报纸上又出现一个"我过得怎么样"的测试：共有十项测试，以确定你是不是个兼顾女主人、妻子、母亲、管家、预算师的多面体？

其实，对于深谙"忙碌"游戏的家庭主妇来说，这个测试就相当于孩子们玩游戏时附带的小册子，上面还写着游戏规则。测试将有助于加速"忙碌"的进程，如果不加以制止，可能会以"国家医院"（"我最不想做的事就是被送进医院"）的游戏结束。

这类夫妇遇到的一个实际困难是，除了玩"看我多努力"游戏外，丈夫往往避免参与治疗，因为他根本不愿意承认自己的困扰。相反，他可能会通过向妻子发脾气，从而间接将信息传递给治疗师，因为他深知妻子一定会打报告。"忙碌"游戏由此很容易发展到一个三级生死斗争场面——离婚。在这场生死大战中，治疗师几乎是孤独地站在生的一方，只有患者忙碌下的成年自我状态助攻，而患者的父母自我状态、儿童自我状态和丈夫三方联合，以二对五的赔率与她的成人自我展开了一场致命的搏斗，考验的是治疗师的专业技能。如果他退缩了，就可以采取最简单的方法退出这场游戏，然后把患者交给离婚法庭，说："我投降了，你和他打吧。"

五、如果不是因为你

⌘ 命题

我们在第五章已对这个游戏进行了详细的分析。从既往游戏理论史上看，它是继"你为什么不——是的，但是"之后被发现的第二个游戏。在此之前，人们只将"你为什么不—是的，但是"视为一种有趣的现象。然而，随着对"如果不是因为你"（IWFY）的发现，人们才意识到社会行为中必须存在一个完整的社会交互的范围。这引发了我们对这类活动更积极探索的兴趣，而现在本书所呈现的就是其研究成果的一部分。

简而言之，一个女人嫁给了一个专横的男人，这样她的行动就会受到限制，使她远离那些恐惧的情境。如果这只是一个简单的交互，这个女人在这个过程中，很可能是享受的，并会表达感激之情。然而，在"如果不是因为你"游戏中，她的反应却截然相反：她强烈地抱怨这种限制，使她的伴侣感到不安，同时得到各种获益。这个游戏涉及内在的社会获益，而外在的社会获益则源自于游戏衍生的娱乐活动"如果不是因为他"，她可以找到志同道合的女性朋友一起参与进来。

六、看，我已经尽力了

⌘ 命题

在通常的临床形式中，这是一个三人游戏，参与者是一对夫妇和一位心理治疗师。（通常）由丈夫提出离婚，且不顾对方的强烈反对。而妻子更为真挚地希望婚姻维系下去。无奈之下，丈夫来到治疗师那里，说了一些足以证明他正在尽力配合妻子的话。但其实他的反对态度已在治疗过程中表现得淋漓尽致，他通常会悄悄地尝试一下"精神病"或者"法庭"游戏。随着时间的流逝，他对治疗师的假装配合和挑衅行为暴露出来，在家里的态度也从一开始的"理解"和克制表现得比以前更糟糕了。经过一次五次、或者十次治疗，他最终决定不再参与治疗，转而去打猎或者钓鱼。然后，妻子被迫提出离婚。丈夫此时显得无所谓，因为离婚是妻子主动提出的，他也通过治疗表现出了他的诚意。他可以对任何律师、法官、朋友或亲戚说："看，我已经尽力了！"

⌘ 反命题

破解方法是夫妇二人要一起接受心理治疗。假如其中一方，（假设是丈夫）明显在玩这个游戏，另一方则单独接受治疗，那么丈夫就会以没有准备好接受治疗而自顾自地玩这个游戏。他仍然可以离婚，但前提是必须放弃为了婚姻他"已经尽力了"的立场。如有必要，妻子也可以提出离婚，她的立场会因此有所提升，因为她真的努力过。最理想的结果是，丈夫的游戏被打破，陷入绝望，然后带着真正的动机去寻求其他治疗。

在日常生活中，这个游戏很容易在孩子身上观察到，通常表现为孩子与一位家长共同参与的双人游戏。游戏通常从两个立场开始，要么"我无助"，要么"我无辜"。孩子试图做一件事，但最终会搞砸或失败。如果他是无助的，那么父母就需要替他善后；如果他是无辜的，那么父母就没有理由惩罚他。这便是游戏的核心元素。父母需要搞清楚两件事：是他们中的哪一个教孩子玩这个游戏，以及他们做了什么让这个游戏延续下去。

这个游戏通常还有一个有趣但又比较危险的变体"看我

现在多努力"。这个游戏的严重程度较高，甚至达到了二级程度和三级程度。我们在此可以通过一个患有胃溃疡，勤奋工作的男人来加以说明。有许多人患有日益严重的身体疾病，但有些人会尽可能地应对这种情况，从而堂堂正正地获得家人的帮助。然而，这种状况也可以被某些别有用心的人所利用，以达到他们不可告人的目的。

一级程度：一个男人向妻子和朋友们宣布他患上了胃溃疡，但仍继续工作。这引起了大家的钦佩。当然，一个受病痛折磨的人有一定的权力向别人炫耀，以作为他的精神补偿。他没有借机玩"木腿"游戏，这本就值得表扬，而他继续带病工作也的确应得一些奖赏。在这种情况下，对"看我现在多努力"的礼貌回应是："是的，我们都钦佩你的坚韧和尽职尽责。"

二级程度：一个男人被告知患有溃疡，但他选择对妻子和朋友们保密，并继续像以前一样努力工作，然后忧心忡忡的他终于在某天病倒在了工作岗位上。当他的妻子得到通知时，她立即从丈夫那里得到这样一个信息："看，我已经尽力了。"那么从这一刻起，她应该欣赏他、感激他，并为过去对他说过的所有刻薄话、做过的刻薄事感到抱歉。简而言之，他不再需要像过去那样摇尾乞怜地祈求她的爱了，因为她现在本就应该爱他。但不幸的是，她此时表现出的所有亲情和关怀是出于内疚而非爱情，在内心深处，她可能会更加愤怒，因为对方通过保密自己的疾病而占了优势地位，这样的手段对她来说有欠公平。这么说吧，一只钻石手链比一个穿了孔的胃更适合当作求爱工具，她可以选择不接受那条钻石手链，但她不能心安理得地抛弃溃疡。突如其来的疾病带给她的是困境，而不是打动。

这个游戏经常发起在患者首次被告知患病，且疾病仍在加重时。如果他打算继续玩这个游戏，整个计划很可能在那时已在他的脑海中闪现，并通过详尽的精神病学访谈来找回他掩藏在成人自我状态下的对患病感到窃喜的孩子自我状态，因为对于孩子来说，疾病往往意味着得到一件有力武器。

三级程度：更为凶险和具有恶意的是因患有严重疾病而突然自杀。丈夫的溃疡逐渐恶化为癌症，而妻子却对此毫不知情。某一天，当妻子走进浴室，发现丈夫已躺在血泊中，这便是赤裸裸的遗言："看，我已经尽力了。"如果这样的事情在同一位女士身上发生两次，那么她是时候要研究一下自己一直在玩什么游戏了。

分析

命题：他们不能随便摆布我。

目标：自我辩解。

角色：固执狂、迫害者、权威。

心理动力：肛欲被动攻击。

范例：（1）孩子穿衣；（2）试图离婚的配偶。

社交范式：成人自我状态—成人自我状态。

成人自我状态："是时候（穿衣服了）（去看精神科医生了）。"

成人自我状态："好的，我会试试看。"

心理范式：父母自我状态—孩子自我状态。

父母自我状态："我要让你（穿衣服）（去看精神科医生）。"

孩子自我状态："看，这不行。"

运作步骤：（1）建议—抵抗；（2）压力—顺从；（3）批准—失败。

获益：（1）内在心理层面——对攻击免疫；（2）外在心理层面——逃避家庭责任；（3）内在社交层面——看我已经尽力了；（4）外在社交层面——看我已经尽力了；（5）生物学层面——争斗；（6）存在主义层面——我是无助的或无辜的。

七、亲爱的

⌘ 命题

在婚姻关系治疗的早期阶段，当各方都处于防御状态时，这一游戏表现得最为明显；在社交场合也能观察到这种情况。怀特先生巧妙地对妻子进行贬损，把这种贬损掩饰成一个趣事，然后还不忘最后打趣道："我说的对吗，亲爱的？"怀特的妻子往往会出于两个成人理由而不得不表示同意：①因为趣事本身的主要部分是准确的，对于次要细节（但实际上是交互的关键点）进行反驳会显得过于苛刻；②公开场合下与称呼自己为"亲爱的"的人争论会显得无礼。然而，她对此妥协的真正心理原因是她的抑郁情绪。她之所以选择嫁给这样的男人，正是因为这一点，即揭露她的不足，从而使她免于亲自暴露自己的尴尬。当她还小的时候，她的父母也以同样的方式对待她。

在婚姻关系中，这个游戏的流行程度仅次于"法庭"游戏。情况越是紧张，游戏被暴露得越快，"亲爱的"这个词听起来也就越发刺耳，直到潜在的怨恨再也掩藏不住。经过仔细考虑，可以看到这是"倒霉鬼"游戏的一种变体，因为关键的步骤是怀特妻子对怀特先生的怨恨持以默许态度，并努力不去意识到这一点。因此，"反亲爱的"游戏类似于"反倒霉鬼"游戏的玩法："你可以讲我不好的故事，但请不要称呼我'亲爱的'。"这种反驳带有与"反倒霉鬼"一样的风险。更为成熟且不那么危险的反驳是回应："是的，亲爱的！"

另一种形式是，妻子并不表示同意，而是以牙还牙地回应给丈夫一个类似"亲爱的"游戏的趣事，比如说，"你的脸也脏了，亲爱的。"

有时候，尽管亲昵的称呼并没有实际说出，但仍然会被细心地听着捕捉到，这就是"亲爱的"游戏的无声版本。

注释:

[1] Bateson, G. et al., Toward a Theory of Schizophrenia. *Behavioral Science*, 1: 251–264, 1956.

第八章　派对游戏

　　派对是为了消遣，消遣也是为了派对做准备（包括派对正式开始之前的一段时间），但当人们彼此越来越熟悉时，游戏便浮出水面。"倒霉鬼"和他的受害者总能互相认出彼此，"大佬"和"小弟"也是如此。所有熟悉但被忽视的选择过程都即将开始。本章将考虑四种一般社交场合中玩的游戏："糟糕透了""瑕疵""倒霉鬼"和"你为什么不——是的，但是"。

一、糟糕透了

⌘ 命题

　　这个游戏有四种重要的形式：父母自我状态的消遣、成人自我状态的消遣、孩子自我状态的消遣和游戏。在消遣中，没有结局或回报，但会收到很多难以言说的感觉。

1. "现今"是一种自以为是、具有惩罚意味甚至有些恶毒的父母自我状态下的消遣。从社会学角度看，这在某些有小额独立收入的中年妇女中很常见。曾有一位妇女在一开场就退出了治疗小组，因为她一开始就遭遇了冷场，而平时她在自己的社交圈子中总会受到热情的回应。在这个更成熟的团队里，人们更习惯于游戏分析而不会被某个人的话题轻易卷入。比如，当怀特说："说到不信任，现今已不是什么稀罕事了。有一次，我查看一位房客的桌子，你们猜我发现了什么，你们一定不会相信的。"很明显，场内很少有人会对此做出回应。那位女士也一样，即便她知道当前社会存在的所有问题：青少年犯罪（现今的父母太软弱）、离婚（现今的妻子们现在没有足够的事情让她们忙太闲了）、犯罪（现今太多外国人搬进了白人社区）、价格上涨（现今的商人太贪婪）。当然，对待自己叛逆的儿子和不良房客，她十分确信自己绝不会妥协。

"现今"与闲聊的区别在于其口号是"难怪"。二者的开场可能类似（"他们说弗洛西·莫加特罗伊德……"），但在"现今"中，更具有方向性，也更封闭；玩家可能还会提供一个"解释"，但闲聊只是漫无目的或断断续续地进行。

2. "擦破了皮"是更为温和的成人自我游戏，其口号是"好可怜！"虽然它潜在的动机是病态的。"擦破了皮"主要关注的是流血，其本质上是一场非正式的临床研讨会。任何人都有资格陈述一个案例，这个案例越恐怖、越详细越受欢迎。面部遭受重击、腹部手术和孕妇难产等话题都是可以的。这与你争我抢地说三道四和议论手术难易程度的闲聊不同，病理解剖学、诊断、预后和比较病例研究都得到了系统地追问。在闲聊中，良好的预后会得到赞扬，但在"擦破了皮"中，除非刻意隐瞒，否则它会成为一个永久持续的话题，而且还可能引发资格审查委员会的秘密会议，以证明玩家确实没有参与此项罪行。

3. "茶水间"或"茶歇"是孩子自我状态的消遣，其口号是"看看他们现在对我们做了什么。"这是"糟糕透了"的一种组织变体。它可能在暗处以更温和的政治或经济形式进行，因此又被称为"酒吧高脚凳"。它实际上是三人游戏，王牌通常由一个人们口中称为"他们"的模糊人物持有。

4. 作为一个游戏，"糟糕透了"在整形上瘾症中找到了最戏剧性的表达，他们的交互恰恰说明了这个游戏的特征。即便遭到专业医学人员的反对，这些人仍勇往直前地寻求手术。住院和手术本身就能给他们带来获益。内在的心理获益来自身体的创伤；外在的心理获益在于避免所有的亲密关系和责任（除了完全屈服于外科医生以外）。生物学层面的获益典型地表现为护理关怀。内在的社会获益来自医疗和护理人员以及其他病人。在病人出院后，可以通过引发同情和敬畏来获得外在的社会获益。这个游戏的终极形式来自职业玩家，他们通常是靠欺诈等非法手段来确定损失和牟取赔偿的专业人员，甚至不惜借此致残来谋生。他们不仅像业余玩家一样要求同情，还要求赔偿。当玩家对外表达痛苦，自己却因不劳而获暗自窃喜时，"糟糕透了"就成了一种游戏。

总的来说，遭受不幸的人可以被分为三类：

（1）无意遭受痛苦、不希望遭受痛苦的人。这些人能轻易得到同情，但他们可能会，也可能不会利用这些同情。也不排除自然而然发生利用的情形，但这种利用往往是可以得到礼貌对待的。

（2）虽然遭受的痛苦并非出自本意，但因为受苦而博得了同情，于是欣然接受的人。这里的游戏是事后才发生的，可以归纳到弗洛伊德所提出的"次要动机"。

（3）主动寻求痛苦的人，如执着于整形手术的人，他们为了寻找愿意给其做手术的人，会不厌其烦地从一个外科医生转到另一个外科医生手中。在这里，游戏是主要的考虑因素。

二、瑕疵

⌘ 命题

这款游戏是日常生活中琐碎争议的主要源头。它发起于抑郁的孩子自我状态："我不好"，然后被保护性地转变为

父母自我状态："他们不好。"玩家的交际问题就是为了证明
"他们不好"。因此，"瑕疵"玩家在找到新人的瑕疵之前，
是不会感到舒服的。该游戏最激烈的形式是，它可能会沦为
"权威"人物玩的极权政治游戏，并且造成严重的历史影响。
这种情况下，它与"现今"游戏的密切关系就显而易见了。
在边缘社交中，人们可以通过玩"我做得怎么样？"得到积
极的安慰，而"瑕疵"提供消极安慰。部分分析将使这个游
戏的一些元素更明了。

　　前提可能从最微不足道和无关紧要的问题开始，如"去
年的帽子"；到最愤世嫉俗的问题，如"银行账户里没有
7000美元"；最恶劣的问题，如"不是纯粹的雅利安人"；
最深奥的问题如"没读过里尔克的诗"；最私密的问题，如
"无法勃起"；最世故的问题，如"他试图证明什么？"。心
理上，这通常源于性的不安全感，目标是寻求安慰。交际
上，这可能表现为对深入了解他人的病态好奇感，有时这种
孩子自我状态下的好奇会用父母自我状态或成人自我状态来
掩饰。它可以得到内在的心理获益，即抵御抑郁，也可以得
到外在的心理获益，即避免揭示自身缺陷的亲密关系。在社
会角色中，任何人都有充分的理由拒绝一个不合时宜的女
人，一个没有经济支持的男人，一个非雅利安人，一个不识
字的人，一个性无能的男人，或一个人格不稳定的人。同
时，深入挖掘别人的秘密提供了一种内在的社交行为，这带
来了某种生物学上的获益。外在的社交获益则来自"糟糕透

了"类型的相近一员。

有趣的是，任何角色选择的前提与他的智力或能力无关。因此，一个在外交部担任要职的人在正式场合发言时告诉听众，某一个国家非常逊色，原因是那个国家的男性穿的夹克袖子过长。在他的成年自我状态中，这个人非常能干，只有在玩像"瑕疵"这样的父母自我游戏时，他才会提及这种无关紧要的琐事。

三、"倒霉鬼"

⌘ 命题

在这里，"倒霉鬼"一词不是指查米索小说中那个没有影子的男主人公 [1]，而是来自犹太语，与德国和荷兰的"狡猾"一词类似。"倒霉鬼"的受害者有点像保罗·德·科克笔下的"老好人"[2]，也就是口语中的"倒霉鬼"。"倒霉鬼"游戏的典型运作步骤如下：

1W. 怀特将威士忌酒洒在女主人的晚礼服上。

1B. 布莱克（主人）最初很生气，但他隐约感到如果他表现出来，怀特就赢了。于是，布莱克平复了情绪，这反而让他有种赢了的错觉。

2W. 怀特说："我很抱歉。"

2B. 布莱克或小声咕哝着或高声大喊地表示原谅，这加强了他赢了的错觉。

3W. 怀特继续对布莱克的财产造成其他损害，如打破东西、洒东西、制造各种混乱。结果烟头烧坏了桌布，椅子腿穿过了蕾丝窗帘，地毯上洒满了肉汁，怀特的孩子自我状态兴奋不已，因为他在制造混乱的过程中玩得很开心。而布莱克必须展示出他超强的自我控制力和承受力，于是怀特得到了原谅。这导致二人都各自获益，因此，布莱克并不一定急于与怀特划清界限。

就像大多数游戏一样，发起游戏的人总是会赢。如果布莱克表现出他的愤怒，怀特就可以明目张胆地报以怨恨。如果布莱克克制自己，怀特就可以继续享受他的游戏过程。然而，这个游戏的真正回报不是破坏的快感，这只是怀特额外得到的奖励，真正的获益是他获得了原谅，并直接引出反命题。

⌘ 反命题

"倒霉鬼"游戏的破解原理是对玩家的道歉请求不予以赦免。在怀特说"我很抱歉"之后，布莱克并未低声说"没关系"，而是说，"今晚你可以让我妻子尴尬，毁掉家具，破坏地毯，但请不要说'对不起'。"这里，布莱克从一个宽恕的父母自我状态变成了一个客观的成年自我状态，因为他承担起了邀请怀特所带来的全部责任。

游戏的激烈程度可以通过怀特的反应显露出来，这可能会非常激烈。对抗"倒霉鬼"的人有可能立即遭到报复，或者至少会树敌。

孩子们中间会以一种未成熟的形式玩"倒霉鬼"游戏，在这种游戏中，他们并不是总能得到原谅，但至少能有制造混乱的乐趣；然而，当他们学会在社交环境中自我表现时，可能会利用日益成熟的技巧来获得原谅，然后发展为在礼貌的、成年人的社交圈子中玩这个游戏，并成为其主要目标。

分析

命题：我可以搞破坏，但仍能获得原谅。

目标：得到原谅。

角色：攻击者、受害者（即口语中"笨手笨脚的人"和"倒霉鬼"）。

心理动力：肛欲侵略。

范例：（1）故意制造混乱的孩子；（2）笨手笨脚的人。

社交范式：成年自我状态—成年自我状态。

成年自我状态："既然我很有礼貌，你也必须有礼貌。"

成年自我状态："没关系。我原谅你。"

心理范式：孩子自我状态—父母自我状态。

孩子自我状态："你必须原谅那些看似偶然的事情。"

父母自我状态："你是对的。我必须向你展示什么是良好的礼仪。"

运作步骤：(1) 挑衅—愤恨；(2) 道歉—原谅。

获益：(1) 内在心理层面——享受混乱的乐趣；(2) 外在心理层面——避免受到惩罚；(3) 内在社交层面——"倒霉鬼"；(4) 外在社交层面——"倒霉鬼"；(5) 生物学层面——挑衅和温和的抚摸；(6) 存在主义层面——我是无辜的。

四、"你为什么不——是的，但是"

⌘ 命题

"你为什么不——是的，但是"（Why Don't you-Yes But，简称 YDYB）在游戏分析中占据特殊位置，因为它是游戏概念最初的来源。它是首个从社交背景中被解构出来的游戏，也是游戏分析最古老的话题，所以我们对它的理解也最深刻。它也是各种团体聚会中，包括心理治疗团体中最常玩的游戏。以下示例将阐明其主要特性：

怀特："我的丈夫总是坚持自己修理东西，但他从来没有修好过任何东西。"

　　布莱克："他为什么不去上个木工课呢？"

　　怀特："是的，但他没有时间。"

　　布鲁："你为何不给他买一些好的工具？"

　　怀特："是的，但他不知道怎么使用。"

　　瑞德："你为什么不让木匠来修？"

　　怀特："是的，但那会花费太多。"

　　布朗："你为什么不接受他的做事方式？"

　　怀特："是的，但我怕房子被他折腾塌。"

　　对话之后通常会有一段时间的沉默。最后由格林打破沉默，比如她会说："男人就是这样，总是试图证明他们有多厉害。"

　　"你为什么不——是的，但是"游戏不限参与人数。通常由发起人提出一个问题，其他人开始提出各种解决方案，每个人都可以以"你为什么不……"参与进来，然后怀特都以"是的，但是……"予以反驳。一个高段位的玩家可以无限地反驳，直到所有人都放弃，怀特获胜。在许多情况下，她可能需要处理十几种甚至更多的解决方案，从而出现那种代表她胜利的沉默，并为下一场游戏留下空间，正如上述范例中的格林一样，突然改玩失职丈夫类型的"PTA"游戏。

　　在这个游戏中，解决方案很少被接受，因此很明显，这个游戏的发起人是怀有某种不可告人的目的的。"你为什么不——是的，但是"并不是为了表面上那种成人自我状态寻求信息或解决方案而玩的，而是为了安抚和满足孩子自我状态。单纯看聊天记录，可能会觉得像是成年人在对话，但在实际情况中不难观察到，怀特把自己置于一个无法应对情况的孩子自我状态，然后其他人扮演的是帮她排忧解难而集思广益的贤明的父母自我状态。

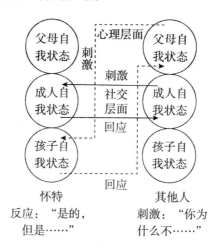

图8 "你为什么不——是的，但是"

正如图8所示。游戏可以继续进行，因为在社交层面，刺激和反应都是成年自我对成年自我的对话，在心理层面上，他们也是互补的，是父母自我对孩子自我的刺激（"你为什么不……"）引发了孩子自我对父母自我的反应（"是的，但是……"）。心理层面上的交互，通常双方都是无意识进行的，但是，怀特从成年自我到"无能"的孩子自我，其他人从成年自我到"智慧"的父母自我状态的转变往往可以被敏锐的观察者从姿势、肌肉张力、声音和词汇的变化中捕捉到。

为了说明这个游戏的教育意义，我们继续上面的例子。

治疗师："在这些建议中，有你没想到的吗？"

怀特："没有。事实上，他们的建议我几乎已经试过了，我确实给我的丈夫买了一些工具，他也确实上了木工课。"

在这里，怀特展示了为什么不应该按字面意义来判断游戏的进程。首先，在大多数情况下，怀特和场内任何人一样聪明，其他人不太可能会提出她想不到的解决方案。不排除确实有人能提出一个原创的建议，那么怀特应该对此心存感激，但前提是她想要公平地玩游戏。也就是说，如果在场的任何人提出足够激发她成年自我智慧的建设性主意，就以为她"无能"的孩子自我就会让步。不过，像怀特这样的老玩家很少会公平地玩游戏。另一方面，过于迅速地接受建议，会让人怀疑该游戏的目的是否为了掩饰潜在的"愚蠢"游戏。

上述的例子就尤其清晰地说明了第二点。即使怀特实际上尝试接纳了一些解决方案，她仍然会予以反驳。因为游戏的目的不是要得到建议，而是要反驳所有建议。

几乎所有人在适当的情境下都会玩这个游戏，因为它有将时间结构化的功能，但对特别偏好玩这个游戏的个体进行仔细研究的话，不难揭示出几个有趣的特点。首先，他们可以并且愿意去转换到游戏的任一方。这种角色的可转换性是所有游戏的共同特征。玩家可能习惯性地喜欢一个角色胜过另一个角色，但他们是可以交换的，并且在必要情况下，他们也愿意在同一游戏中扮演任何其他角色。（比如，在"酒鬼"游戏中，饮酒者可以自如切换到救援者的角色。）

其次，在临床实践中发现，偏好该游戏的人属于那种最终请求催眠或用催眠药物从而加速治疗的患者类别。当他们在玩游戏时，他们的目标是证明没有人可以给他们一个可接受的建议——也就是说，他们永远不会投降；而面对治疗师时，他们又会让自己处于一种完全投降的状态。很明显，"你为什么不——是的，但是"代表的是关于化解冲突的社会解决方案。

更具体地说，这个游戏在社交恐惧的人中很常见，以下这段治疗对话就证明了这一点：

治疗师："既然你知道'你为什么不—是的，但是'是个骗局，为什么还要玩它呢？"

怀特："如果我正在和某人说话，我必须不停地找话题。如果我不这样做，我就会陷入一种尴尬的境地。除非在黑暗中，否则沉默会让我脸红。我知道这一点，我的丈夫也知道。他一直在指出我的问题。"

治疗师："你的意思是，如果你的成人自我状态不保持忙碌的话，你的孩子自我状态就会趁机冒出来，让你感到尴尬吗？"

怀特："正是这样。所以，如果我可以不停地给某人提建议，或者让他给我提建议，那么我就是安全的。只要我能保持我的成人自我状态，我就可以避免那种尴尬。"

在这里，怀特明确表示她害怕没有结构化的时间安排。只要能让成人自我状态在社会情境中保持忙碌，她的孩子自我状态就无法出来作祟，而游戏为成人自我的发挥提供了适当的结构。但是，游戏必须得到适当激励才能维持她的兴趣。她选择这个游戏是受经济原则影响：它为她的孩子自我状态下身体的被动性提供了最大的内在和外在的获益。她可以同样热衷于扮演那个无法被支配的狡猾的孩子自我状态，或者试图支配别人孩子自我状态的明智的父母自我状态，但结果是失败的。因为这个游戏的基本原则就是永远不接受任何建议，所以父母自我状态永远不会成功。这个游戏的座右铭是："不要慌，父母自我永远无法获胜。"

总的来说，尽管每一步对怀特来说都很有趣，每一步都在拒绝建议中收获到了小乐趣，但真正的回报是当所有人都费尽脑汁，厌倦了想出可接受的解决方案时产生的沉默。这对怀特和其他人来说，意味着她证明了大家的无能，从而赢得了胜利。如果沉默没有被掩盖，它会继续保持几分钟的沉默。在范例中，格林急于开始自己的游戏，而大大削减了怀特的胜利时刻，这也是她不想参与怀特游戏的原因。后面，怀特会展示她对格林的怨恨，因为格林打扰了她的幸福时光。

"你为什么不—是的，但是"游戏的另一个匪夷所思的特征是，游戏的外在和内在形式都可以以相同的方式进行下去，只涉及角色转换的问题而已。游戏的外在形式，也就是临床上观察到，怀特的孩子自我状态在多人情境下扮演了一个无能的寻求帮助的角色。游戏的内在形式，表现为怀特与丈夫在家中进行的更为亲密的双人游戏，她的父母自我状态扮演的是明智、高效的建议提供者。然而，这种角色转换通常发生在较晚时候，因为在恋爱期间，她扮演的是无助的孩子自我状态，只有在蜜月结束后，她专横的父母自我状态才会浮出水面。随着婚礼的临近，她可能会露出一些马脚，但她的未婚夫由于一心扑在与精心挑选的新娘奔赴美好生活上而选择视而不见。否则，他很可能会因为"充分的理由"而解除婚约，而怀特，在伤怀一段时间后，并没有吸取多少经验，然后盲目地开始寻找下一个更为合适的伴侣。

⌘ 反命题

显然，那些在怀特发起"问题"后在第一时间就做出反应的人，只不过在玩"我只是想帮你"（I'm Only Trying to Help You，ITHY）的游戏。实际上，YDYB 是 ITHY 的反向形式。在 ITHY 中，是一个治疗师面对一群访客；而在 YDYB 中，是一个访客面对一群"治疗师"。因此，YDYB

的破解办法并非不玩 ITHY。如果开场是"如果你做……怎么办"，建议的回应是："这是个难题。你打算怎么解决？"如果开场是："XX 没有得到适当的解决"，那么回应应该是"真遗憾。"这两个回应都足够礼貌，足以让怀特不知所措，或者至少能够引出一个交叉的交互，这样他的挫败感就会显现出来，然后继续探讨。在治疗小组中，容易受影响的病人在被邀请玩 ITHY 时最好的办法就是选择不参与。然后，包括怀特在内的所有成员也可以从反 YDYB 中学习，反 YDYB 仅仅是反 ITHY 的另一个较为相似的变体。

在社交场合中，如果游戏友好无害，那么没有理由不参与。如果这是一种试图利用专业知识的行为，可能需要采取相反的策略；但在这种情况下，暴露出怀特的孩子自我会引起他人的不满。最好的策略是回避这个开局，寻找一个更刺激的一级"挑逗"游戏。

⌘ 关联

"你为什么不—是的，但是"必须与它的反向游戏"为什么你—不，但是"（Why Did You-No But，简称 YDNB）相区分，后者是父母自我赢得了胜利，而防御性的孩子自我最终困惑性地选择退缩，尽管单纯的表述可能听起来是真实、合理的，就像成人自我之间的对话一样。YDNB 与"除此以外"游戏密切相关。

YDYB 的反向起初类似于"乡巴佬"游戏。在这种情况下，怀特诱使治疗师给她建议，而她立即接受，而不是拒绝。直到他深陷其中，他才意识到怀特正在对他进行反击。看起来像是"乡巴佬"的游戏最终成为一场智力"挑逗"游戏。这种情况在传统精神分析过程中，从积极转移到消极转移时常常出现。

YDYB 也可以以二级程度的复杂形式进行，称为"对我做点什么"。例如，患者拒绝做家务，每天晚上丈夫回家时就会上演一场 YDYB 的游戏。但无论他说什么，她都闷闷不乐地拒绝改变自己。在某些情况下，这种阴郁可能是恶性的，需要进行仔细的精神评估。然而，他也必须考虑其游戏的一面，因为这会引发一些疑问，如丈夫为什么会选择这样的配偶？面对这种局面，他是如何坚持下来的？

分析

命题：看看你能否提出一个我无法找到错误的解决方案。

目标：安慰。

角色：无助的人、建议者。

心理动力：屈服冲突（口头）。

范例：（1）是的，但我现在不能做作业，因为……（2）无助的妻子。

社交范式：成人自我状态—成人自我状态。

成人自我状态：如果……你会怎么做？

成人自我状态：为什么不……...

成人自我状态：是的，但是……

心理范式：父母自我状态—孩子自我状态。

父母自我状态：我可以让你感激我的帮助。

孩子自我状态：试试看吧。

运作步骤：（1）问题—解决方案；（2）反对—解决方案；（3）反对—困惑。

获益：（1）内在心理层面——安慰；（2）外在心理层面——避免屈服；（3）内在社交层面——YDYB，父母角色；（4）外在社交层面——YDYB，孩子角色；（5）生物学层面——理性讨论；（6）存在层面——每个人都想控制我。

注释：

[1] von Chamisso. Adelbert, *Peter Schlemiel*. Calder, 1957.

[2] de Kock, Paul. *One of the most popular works of this nineteenthcentury librettist and novelist is A Good-Natured Fellow, about a man who gives away too much.*

第九章　爱情游戏

　　有些游戏是为了满足或抵制人类的本能冲动而设计的。这些游戏实际上是基于人类性本能的变体，其中获得满足感的焦点从本能行为转移到了与游戏获益相关的关键交互上。然而，由于这类游戏通常在私密环境中进行，因此很难有令人信服的临床证据来支持这一点。我们通常只能通过间接途径获取有关这些游戏的信息，并且评估信息提供者的偏见也往往是十分困难的。因为更具攻击性和高段位的"玩家"通常不会主动寻求精神病学治疗，而现有的数据主要针对的是被动的成为游戏伙伴的一方。

　　本章游戏包括一些具有挑衅性质的名称，比如"你去和他决斗吧""行为倒错""引诱""丝袜游戏"和"争吵"。在大多数情况下，行动者是女性。这是因为男性作为行动者参与的游戏通常异常激烈，从而涉及违法犯罪，更适合在"地下游戏"的范畴进行讨论。另一方面，爱情游戏和婚姻游戏之间存在一些重叠，但本文描述的游戏并不仅仅适用于已婚人士，也适用于未婚人士。

一、你去和他决斗吧

⌘ 命题

这可能是一种策略、一项仪式或一个游戏。无论哪种情况，其心理学本质都具有女性化特征。由于其戏剧性质，"你去和他决斗吧"（Let's You and Him Fight，简称 LYAHF）构成了世界上大部分文学作品（无论好坏）的基础。

作为一种策略，LYAHF 富有浪漫主义色彩。女性以某种方式挑衅或引诱两个男人决斗，以示意或承诺他们自己将归胜者所有。一旦比赛决定了胜负，她便履行自己的承诺。这是一种诚实的交互机制，其前提是来自这样一个假设，即她和她的配偶从此能过上幸福的生活。

作为一项仪式，LYAHF 往往极具悲剧色彩。面对两个男人的求爱，即使女人实际上已经做出了选择，即使她并不希望发生这样的事，但还是要遵照习俗，让这两个男人去决斗，为了她而决斗。如果胜利的人不是她所属意的人，她仍然要去接受这一事实。在这种情况下，设定 LYAHF 的人事实上是这个社会，而不是女性本身。如果她心甘情愿去接受，那么这种交互就是真诚的，如果她心不甘、情不愿，或对此感到失望，那么这一游戏结果也能为她提供相当大的游戏空间，比如"让我们戏弄乔伊一把吧"（Let's Pull a Fast One on Joey，简称 FOOJY）。

作为一个游戏，LYAHF 是带有典型的喜剧性色彩的。女性设定了比赛，而两个男人在为她决斗时，她却和第三个人偷偷溜走了。此时，她和配偶的内在、外在的心理获益均源于这个立场，即诚实的竞争是愚蠢的行为，而他们经历的这个喜剧故事构成了内在和外在社交获益的基础。

二、行为倒错

⌘ 命题

异性恋的行为倒错，包括恋物癖、虐待狂和受虐狂等，一般是混乱的孩子自我状态下的症状表现，应相应地进行干预和治疗。然而，如果他们的交互行为与实际的性情境中所表现出来的一致，那么可以通过游戏分析来进行处理。这也许会对患者起到一定的社会控制作用，即使患者仍然存在扭曲的性冲动，但至少会减缓它放纵到真实的行为上。

那些患有轻度施虐或受虐倾向的人，往往会站在自己仅仅是出于本能的"心理健康"的立场上。他们觉得自己的性欲强烈，是长时间的禁欲才导致这样的严重后果。这两种结论其实都不一定是真实的，但他们的托词却构成了"木腿"游戏的基础，借口是："我本来就性欲强烈，你期望我这样的人做什么呢？"

⌘ 反命题

对自己的伴侣也要保持日常的礼仪，即从言语和行为上都对自己加以限制，让自己的性行为模式保持在更加传统和保守的领域。如果怀特是真正的行为倒错者，这将暴露出游戏的第二个元素，即在梦中清晰地表达自己的性倾向：他感兴趣的并非性行为本身，而是从令人羞耻的前戏获得满足感。他可能对此怪癖并没有留意过，也不愿意承认这个事实，但却通过一句抱怨的话将其表露无遗："做完所有前戏后，我还得进行下一步！"这时，已注定他更适合接受特定的心理治疗，哪怕再多的恳求和逃避也没有用。这适用于实际中看到的那些普通的"心理变态者"，而不是恶性的精神分裂症或变态罪犯，也不是那些将自己的活动限制在幻想中的人。

三、"引诱"

⌘ 命题

这是一个由男人和女人玩的游戏，也可以更有礼貌地

称其为"欲拒还迎"或"嬉笑怒骂"。它可以以不同的强度
进行。

一级程度：又叫"欲拒还迎"，这在社交场合非常受欢
迎，主要表现为适度的调情。怀特发出信号示意对方可以追
求自己，然后自己则从男方的追求中获得快感。一旦对方认
真地表达出了自己的感情，游戏就结束了。她可能仍旧保持
基本的礼貌，于是坦率地说"我非常感谢你的赞美，这是真
的"，然后转向下一个征服目标。如果她不够有修养，可能会
直接离他而去，没有任何忧郁。熟练的玩家可以通过频繁出
入大型社交场合，而让这个游戏持续很长时间，而且男方必
须紧随她的脚步进行极为复杂的操作，才不会显得太刻意。

二级程度：又叫"嬉笑怒骂"，怀特仅仅从布莱克的示好
行为中得到次要满足，而她的主要满足来源于对布莱克的拒
绝，所以这个游戏在口语中也被称为"走开，别烦我"。她先
是引诱布莱克做出比一级程度的调情更重一些的承诺，然后
严词拒绝，享受他被拒绝时的窘迫。当然，布莱克也并不似
看起来那么软弱无助，他一定花费了不少精力才参与到这场
游戏中。通常，这类人还会玩"踢我吧"的游戏变体。

三级程度：三级程度的"引诱"是一个恶劣的游戏，可
以上升到犯罪高度，最终以谋杀、自杀或上法庭为终结。在
这个游戏中，怀特引诱布莱克进行某种身体接触，然后声称
他进行了刑事侵犯或对她造成了无法挽回的损害。在其最狡
猾的形式中，怀特甚至允许他完成性行为，这样她就可以利

用和享受完后再对其进行清算。她可以进行当下清算，如叫嚣他非法强奸，或可能把时间延长些，如在维持一段恋爱关系后选择自杀或谋杀。如果她选择把它当作一次犯罪侵犯来玩，她也许很容易就找到帮手或病态的盟友，如新闻媒体、警察、顾问和亲属。然而，有时这些局外人可能会冷酷地把矛头转向她，使她失去主动权，沦为他们游戏的工具。

在某些情况下，局外人能扮演与众不同的角色。他们可以迫使不情愿的怀特参与游戏，因为他们想玩"你去和他决斗吧"。他们还可以将她置于这样一个位置，即为了维护她的面子或挽回声誉，她不得不声称自己被强奸。这种情况在法定年龄以下的女孩身上容易发生；她们其实是出于自愿才继续了这段关系，但随着这段关系被暴露或引起争议，她们不得已才把这段风流韵事变成一场三级"引诱"游戏。

有一种众所周知的典型情境，机警的约瑟夫看透了这场"引诱"游戏，于是拒绝被引诱，而波提法的妻子便进行巧妙地转变，随即将它变成一场"你去和他决斗吧"三人游戏，这是高段位玩家抵制反命题的绝佳例子，也是拒绝玩游戏的人所面临的最危险的情况。这两种游戏被结合在一起，成为著名的"仙人跳"，在这个游戏中，女人诱惑布莱克，然后哭诉被侵犯，再由她的丈夫接管局面，以敲诈为目的指责布莱克。

最不幸且最激烈的三级"引诱"游戏，较为频繁地出现在陌生的同性恋者之间，他们在短短一小时内就完全有可能将游戏推向谋杀的地步。这个游戏的犬儒主义变体和犯罪主义变体为轰动一时的新闻报道提供了大量素材。

"引诱"游戏的童年原型与"冷淡的女人"相同，其中小女孩引诱男孩自我羞辱或弄脏自己，然后嘲笑他，正如毛姆在《人性的枷锁》中的经典描述，以及如前面提到的狄更斯在《远大前程》中的描述那样。但两位作家所描述的均为二级程度的游戏，紧张的邻里关系才可能发生更为接近三级的剧烈的游戏形式。

⌘ 反命题

男性是否能避免这个游戏，或者控制这个游戏，取决于他是否具备分辨真实情感与游戏运作的能力。一方面，如果他能自如地对自己进行社会控制，他甚至能从轻度的引诱中收获大量的快乐。另一方面，应对波提法妻子的手段，最安全有效的破解办法就是在还不算太晚的时候抽身。1938年，我在阿勒颇遇到过一个年老的"约瑟夫"，他在32年前就从君士坦丁堡搬走，原因是在商务访问伊尔迪兹宫的后宫时，他被苏丹的一个女人逼到了绝境。最后，他不得不放弃自己的商店，带上他所有的金币离开君士坦丁堡，此后再也没有回去过。

⌘ 关联

男性版本的"引诱"在商业环境中臭名昭著：比如"试

镜沙发"（之后女人并没得到角色）和"潜规则"（然后女人被炒鱿鱼）。

分析

以下的分析针对的是三级"引诱"，因为在这里，游戏的元素表现得更富戏剧化。

目标：恶意的复仇。

角色：诱惑者、色狼。

心理动力（三级）：阴茎嫉妒，口头暴力。"欲拒还迎"来自阴茎崇拜，而"嬉笑怒骂"带有强烈的肛欲期元素。

范例：（1）我会告诉大家你是个下流的小男孩；（2）受害的女性。

社交范式：成人自我状态—成人自我状态。

成人自我状态（男）："如果我越界了，我很抱歉。"

成人自我状态（女）："你侵犯了我，必须付出全部的代价。"

心理范式：孩子自我状态—孩子自我状态。

孩子自我状态（男）："看看我有多不可抗拒。"

孩子自我状态（女）："总算抓住你了，你这该死的混蛋。"

运作步骤：（1）女性：诱感；男性：反诱惑。（2）女性：

投降；男性：胜利。（3）女性：对峙；男性：崩溃。

获益：（1）内在心理层面——表达仇恨和投射罪恶；（2）外在心理层面——避免情感性的性亲密；（3）内在社交层面——"总算抓住你了，你这该死的混蛋"；（4）外在社交层面——"真糟糕""法庭""让你和他战斗"；（5）生物学层面——性和攻击性交流；（6）存在主义层面——我无可指责。

四、丝袜游戏

⌘ 命题

丝袜游戏属于"引诱"家族的一员，其最明显的特点是表现主义，这是一种极具表现力的暴露狂。一个女人走进一个陌生的团体，没过一会儿，她就抬起腿，以挑逗的方式暴露自己，并说道："哎呀，我的丝袜破了。"这是为了激起男性的性欲并使其他女性生气。任何人对此表示抗议，她都会声称自己的无辜，从而予以反指责，因此这与经典的"引诱"游戏如出一辙。问题在于这里的发起者往往不善于变通，她很少有足够的耐心去了解面对的人，以及去等待更恰当的时机。这让游戏显得不合时宜，也影响了她与同伴的关系。她虽表面上看起来略显"成熟"，但由于她对人性的判断过于愤世嫉俗，而无法理解生活中发生在她身上的事情。她的目

标是证明所有人都心怀不轨，她的成人自我显然被她的孩子
自我和父母自我（通常来自一个不检点的母亲）欺骗，这让
她忽视自己才是发起这场挑逗的始作俑者，也忽视了她对人
的良好判断。因此，这个游戏往往具有自我毁灭的性质。

这可能是基于潜在病理学问题的口欲期游戏的一个变
体。"口欲期"变体可能由具有更深层病理和胸部发育良好
的女性表现出来。这些女性常常将双手置于头后，以突出她
们的胸部；她们善于通过谈论胸部的尺寸或某些病理状况，
如手术或肿块，来引起更多的注意。一些搔首弄姿的类型则
构成肛欲变体。这个游戏的含义是这个女人在暗示她随时欢
迎一场艳遇。因此，孀居的女性可能以更象征性的形式玩这
个游戏，她们会虚情假意地"展示"她们的寡妇身份。

⌘ 反命题

这些女性除不善变通外，也很难容忍对她的抵抗。例
如，如果游戏被忽视或被一个成熟的治疗小组反驳，她们可
能就不会再参与了。在这个游戏中，必须仔细区分抵抗和报
复，因为后者表示发起者已经赢了。在"丝袜游戏"中，女
性的反击策略比男性运用得更为熟练，而男性极少想要打破
这个游戏。因此，破解游戏最好还是交给在场的其他女性自
行决策。

五、争吵

⌘ 命题

经典的"争吵"游戏是发生在专横的父亲和青春期阶段的女儿之间的，其中还涉及一个性压抑的母亲。父亲结束一天的工作回到家中，发现女儿竟对她放肆无礼的说话，或者是女儿行为莽撞冒犯了父亲，导致父亲十分生气。于是二人发生争吵，且音量越来越大，冲突变得愈加尖锐。结果取决于谁掌握了主动权，这有三种可能：①父亲回到卧室，砰的一声关上门；②女儿回到她的卧室，砰的一声关上门；③两人回到各自的卧室，砰的一声关上门。无论如何，这场"争吵"游戏的结束都伴随着一声摔门的重击。对于家庭琐事引发的这场父女间的争端，"争吵"提供了一个令人痛苦但行之有效的解决方案。父女之间，可以彼此生气，但由于同住一个屋檐下，摔门的做法至少强调了这样一个事实，即他们拥有单独的房间。

在某些家庭中，这个游戏可能会表现出恶意的或令人反感的一面，比如女儿外出时，不论什么时候回家，都会发现父亲在等着她，然后仔细检查她和她的衣服，以确保她是否有过越矩的行为。在一次次的猜疑下，发生了最激烈的争吵，结果是女儿在半夜被赶出家门。从长远看，这个游戏也遵循着一定的规律——即使不是在当晚被赶出家门，也会在下一个晚上，或第三个晚上。女儿的出走更加证明了父亲的猜疑是"合乎情理"的，就像他把一切归咎于母亲对孩子的"不闻不问"一样合乎情理。

　　一般来说，"争吵"可以发生在任何两个试图避免亲密性行为的人之间。例如，它是"冷淡的女人"中常见的最终阶段。但是，这类游戏在十几岁的男孩与女性亲属之间相对罕见，因为青春期的男孩比其他家庭成员更容易发生大半夜离家出走的现象。在低幼年龄层的兄弟姐妹间，他们可以通过身体对抗建立有效的障碍并获得部分满足，这种模式又因年龄阶段的不同而存在不同的动机。这在美国被认为是一种半仪式的存在，且已经被电视、教育和儿科权威机构正式认可。在英国上流社会，这被认为是（或曾经是）不礼貌的行为，因此他们将相应的能量引导到游戏场合，并将其规范化。

⌘ 反命题

　　对于父亲来说，他并不十分反感这个游戏，至少并不像他想象中那样令人讨厌，一般的结局是女儿通过早婚或奉子成婚等不够成熟的形式进行破解。母亲也有破解游戏的能力，如果她愿意，可以或多或少地放弃性冷淡来对抗游戏。父亲或许也可以通过其他手段来打破游戏，比如外遇，但这通常会导致新的问题。对已婚夫妇来说，打破"争吵"游戏的方法与打破"性冷淡的女人"和"性冷淡的男人"的方法一致。

在适当的情况下，"争吵"游戏会自然而然地发展为"法庭"游戏。

第十章　诊室游戏

　　专业游戏分析师最需要了解的是在治疗情境中反复进行的游戏。这些游戏可以最直接地在诊室中拿到一手研究资料。根据发起人的角色，这类游戏可分为三种类型：

　　1. 由治疗师和社会工作者进行的游戏："我只是想帮你"和"精神病学"。

　　2. 由在治疗小组中的受过专业训练的病人进行的游戏，例如"温室"。

　　3. 由普通病人和客户进行的游戏："贫困""乡巴佬"，"愚蠢"和"木腿"。

一、温室

⌘ 命题

这是"精神病学"游戏的一种变体，最热衷于此游戏的通常是年轻的社会科学家，如临床心理学家。在同事的陪伴下，这些年轻人倾向于玩"精神分析"，常以开玩笑的方式使用，如"你的敌意正显露出来"或"防御机制能有多机械？"之类的表达。这通常是一种无害且愉快的消遣，也是他们学习经验的正常阶段，如果小组中有一些原创的内容，它可能会变得更加有趣。（作者偏爱的是，"我看全国口误周又来了。"）在心理治疗小组中，其中一些人可能更倾向于严肃地进行这种互相批评，但由于在这种情况下它的治疗效果并不理想，因此可能仍需要由治疗师来引导事态的发展。然后，程序自然而然地转为了"温室"游戏。

近年来，许多该方向专业的毕业生对所谓的"真实情感"极为尊重。这些情感被视为珍稀之物，一旦被人表达出来，就好像是一朵罕见的花，值得人们仔细欣赏和敬畏。其他成员严肃地接受并欣赏这种情感，就像是在植物园里鉴赏植物的专家。问题在于，这种情感是否有足够的价值，能够在全国情感展览中展出。治疗师的质疑可能会被看作对这种珍贵情感的侵害，就像是粗鲁的手在毁坏一株脆弱的稀有植物。治疗师可能认为，要理解这朵花的结构和功能，需要进一步解剖它。

⌘ **反命题**

然而，出现了一种对治疗进程极其重要的反对观点，它是对上述描述的一种讽刺。如果这种游戏持续下去，可能会持续很多年，患者就会有种已经经历过一次治疗的错觉，而在这个过程中，他已经"表达了情感"并且学会了一种方式来"面对情感"，这种方式让他感觉比那些不幸的同事更优越。但实际上，它可能并没有发生什么实质性的改变，患者也没有有效利用这个过程来实现治疗效果的最大化。

这种讽刺并不是针对病人，而是针对那些教导和鼓励他们的刻板的老师和严苛的文化环境。如果时机适当，批判和怀疑可能会帮助他们摆脱这种过度讲究的环境，让他们在互动中更自然、更坚韧。他们的情感是不需要在某种人工环境下培养的，而是可以自然地生长，等到成熟时再收获。

这种游戏的主要优势在于避免真正的亲密关系，它通过设定特定的情感表达条件和反应规则，以避免真正的亲密接触。

二、我只是想帮你

⌘ 命题

这个游戏可以发生在任何专业情境中，并不局限于心理治疗师和社会福利工作者。然而，它最常见，也最花哨的形式，往往发生在接受了某种类型训练的社会工作者中。本书正是在一种非常奇妙的情境下对这个游戏展开了分析，并予以阐明。在一次扑克游戏中，所有的玩家都弃牌了，只剩下两个人，一个是心理学家，另一个是商人。商人手上有一手好牌，于是下注；心理学家手上有无敌的王牌，于是加注。商人顿时倍感困惑，心理学家于是开玩笑地说："别紧张，我只是想帮你！"商人犹豫了一下，最后还是放了他的筹码。心理学家展示了他的底牌，商人气恼地丢下了手中的牌。场内其他人此时才恍然大悟，被心理学家的幽默逗乐了，而输家则懊丧地说："你可真会帮大忙！"心理学家立刻朝我投去一个心领神会的眼神，暗示这种玩笑若想在工作中展开是要以精神病学专业为基础的。就在那一刻，这个游戏的结构变得明朗了。

无论什么专业的工作人员或治疗师，在给客户或病人提供一些建议后，病人回来报告说，建议并没有达到预期的效果。工作人员虽表示无奈，但认为这次失败并没有什么大不了，于是会再一次给出其他建议。如果他更警觉一些，可能会在这个时候发现一丝挫败感，但无论如何他还是会再试一次。通常，他会认为自己一定不会被质疑动机有问题，因为他亲眼看见了许多接受类似训练的同事也经历过同样的事，他此刻只不过是按照"正确"的流程行事罢了，而且还将得到上级的全力支持。

　　如果他遇到一个难对付的玩家，比如一个敌意的强迫症患者，他会发现力不从心的感觉越来越多地涌上心头。然后他就陷入了困境，这种情况将慢慢恶化。最糟糕的是，他可能遇到的是一个愤怒的偏执狂，这个人会在某一天冲进来歇斯底里道："看看你让我做了什么！"然后他的挫败感会强烈地显露出来，只得说出这句："我只是想帮你！"这种来自忘恩负义的困惑感可能会带给他极大的痛苦，这种困惑也将他自己行为背后的复杂动机表露无遗。而这正是这个游戏的回报。

　　我们不应该把真正的帮助者和玩"我只是想帮你"（ITHY）游戏的人混为一谈。"我想我们可以对此做点什么""我知道该怎么做""我被指派来帮助你"或者"我施与帮助的代价是……"与"我只是想帮你"是明显不同的。前四者代表以成人自我的专业资质来对患者或客户施与援手，这是相当有诚意的表达；ITHY 则有一个超出专业技能，却又决定结果的别有用心的一个动机。这个动机基于这样一个立场，那就是人们是忘恩负义和令人失望的，而真正助人成功会令专业人士的父母自我感到惊恐，这代表着自毁前程，因为这会威胁到他们的地位。ITHY 玩家需要被安慰，无论他多么努力地提供帮助或提出建议，都不会被对方接受。客户会以"看我多么努力"或"你无法帮助我"予以回应。更灵活的玩家可以妥协：只要他们花费足够长的时间，那么对方也是愿意接受帮助的。因此，治疗师会为快速的见效感到抱歉，毕竟一些同事会因为这个问题在工作会议上进行评论。与社会工作者中发现的 ITHY 玩家相反，好的律师在帮助客户时不会带个人情感。这时，决定成果的是专业技能，而不是一味地努力。

一些社会职业培训学校看似是培训专业的 ITHY 玩家的学院，但他们的毕业生很难停止玩这个游戏。有一些例子可以对此进行很好的说明，这在描述其互补游戏"贫穷"的过程中被发现。

ITHY 游戏及其变体在日常生活中很容易找到。家人和亲戚（例如，"我可以给你批发价"）以及为社区里的儿童做服务工作的成年人都在玩这个游戏。这是父母们的最爱，而子女通常玩的互补游戏是"看你让我做了什么"。在社会上，它可能是"倒霉鬼"的一个变体，玩家在提供帮助时而不是冲动时就会造成损害。在这里，客户是代表受害者的，他可能正在玩"为什么总是发生在我身上？"或其变体。

⌘ 反命题

专业人士在面对游戏邀约时，有几种妥善处理的方法，是否接受完全取决于自己和患者之间的关系状态，特别是患者的孩子自我状态。

1. 古典精神分析的对抗策略是最彻底的，也是令患者最难以忍受的。患者的邀请被完全忽略了。然后，患者越来越努力，最终陷入绝望的状态，表现为愤怒或抑郁，这是游戏受挫的典型特征。这种情况可能带来有效的破解方法。

2. 在首次邀请时，可以尝试进行更温和（但不是装腔作势）的破解方法。治疗师可以声明他是患者的治疗师，而不是他的经理人。

3. 更温和的做法是将患者引入治疗小组，并让其他患者处理。

4. 对于患有严重精神疾病的患者来说，在初始阶段可能需要顺应他们一些。这些患者应由心理治疗师来治疗，作为一名医务人员，他可以同时开具药方和一些有价值的医嘱方案，哪怕在安定剂普及的今天，这些医嘱仍然是必要的。如果医生开具了一份医嘱方案，包括洗澡、运动、休息时间和定时餐饮以及药物，那么患者可能会有以下几种可能：

第一，遵照方案执行并感觉好转；

第二，严格按照方案执行却抱怨没有效果；

第三，漫不经心地提到他忘记执行医嘱，或者觉得没有效果而对医嘱置之不理。

在第二和第三种情况下，需要由精神科医生来决定这个时候患者是否适合进行游戏分析，或者是否需要其他形式的治疗以便以后进行心理治疗。在决定下一步如何进行之前，精神科医生应仔细评估方案的适用性和患者玩弄方案的倾向性之间的关系。

对于患者来说，另一种对立观点是，"不要告诉我怎么做能帮助自己，我会告诉你如何才能帮到我。"如果治疗师是个出了名的不善于游戏的人，患者应这样反驳，"不要帮我，去帮他。"但是，"我只是想帮你"的严肃玩家通常缺乏幽默感，患者的反驳通常会受到不利的反应，从而导致与治疗师的终身敌意。在日常生活中，除非你准备无情地执行这些行动并做好了承担相应后果的准备，否则不应该启动这样的行动。例如，拒绝一个"给你批发价"的亲戚可能会引起严重的家庭纠纷。

分析

命题：没有人会按我说的去做。

目标：减轻内疚感。

角色：帮助者、客户。

心理动力：受虐倾向。

范例：（1）孩子在学习，父母介入；（2）社工与客户。

社交范式：父母自我状态—子女自我状态。

孩子自我状态："我现在该做什么？"

父母自我状态："你该这样做。"

心理范式：父母自我状态—子女自我状态。

父母自我状态："看看我多能干。"

子女自我状态："我会让你感到无能为力。"

运作步骤：（1）请求指示—给出指示；（2）操作失误—责备；（3）证明程序有误—隐含的道歉。

获益：（1）内在心理层面——殉道者；（2）外在心理层面——避免面对不足；（3）内在社会层面——"家长教师协会"，投射型，忘恩负义；（4）外在社会——投射型"精神病学"；（5）生物学层面——来自客户的责骂，来自上级的抚慰；（6）存在主义层面——所有人都是忘恩负义的。

三、贫困

⌘ 命题

这个游戏的命题最好由亨利·米勒在《马罗西的巨人》中的一段陈述展开："那件事一定是在我找工作但又没有丝毫打算接受任何工作的那一年发生的。它让我想起，尽管我当时认为自己已经到了绝境，但我甚至都没有费心查看过一眼招聘广告栏。"

这个游戏是"我只是想帮你"（ITHY）游戏的互补类型，发起者往往是靠这个游戏谋生的社会工作者。与此同时，"贫困"游戏也常由那些以此方式谋生的客户以同样的专业性发起。笔者对"贫困"游戏的亲身经历有限，以下讲述的是我的一位最杰出的学生的经历，它揭示了这个游戏的性质及其在我们社会中的地位。

布莱克小姐是一家福利机构的社会工作者，该机构的工作目标是帮助经济上贫困的人口，也因此获得了政府的补贴，实际上就是帮扶贫困人口找到有收入的工作，并以此盈利。根据官方报告，该机构的客户一直在"取得进步"，但实际上能真正"帮扶"成功的却少之又少。据称，这也是可以理解的，因为他们大多数人多年来一直享受着这种福利，从一家机构转到另一家，有时一次涉及五六家机构，以至于变成"特困户"。

受到专业游戏分析训练的布莱克小姐很快意识到她所在的机构的工作人员在玩 ITHY 游戏，然后特别好奇客户是如何应对这个游戏的。为了验证，她每周都会询问自己的客户究竟探查了多少就业机会。结果，她得到这样一个发现，尽管这些人本应该天天孜孜以求地寻找工作，但实际上他们为之付出的努力却少得可怜，少到具有讽刺意味。例如，一个男人说他每天至少回复一则寻找工作的广告。"什么样的工作？"她询问。他说他想从事销售工作。"这是你唯一回复的类型的广告吗？"她问。他说是，但可惜的是他是个口吃的人，这阻碍了他的职业选择。大约就在这个时候，她的主管注意到她的问询，因此责备她对客户施加了"过度压力"。

然而，这反而让布莱克消解更加坚定帮助这些贫困人口的决心。她挑选了那些能干且没有什么理由继续领取福利金的人，然后向这个精挑细选出来的群体讲述了 ITHY 和"贫困"这两个游戏。这之后，她找到一个合适的时机说出了自己的要求，即他们如果再找不到工作，就要停止他们的福利金，并将他们转介给不同类型的机构。结果，其中的几个人几乎马上就找到了工作，有些甚至是多年来的第一次。但布莱克小姐的态度令他们难以承受，于是其中一些人写抱怨信给机构投诉她。主管严厉地批评了布莱克小姐，认为她负责的那些客户虽然找到了工作，但其实并未"真正改善"他们的观念，并对布莱克小姐是否有足够的资质留在这里发出了质疑。布莱克小姐在工作不保的情况下依然敢于冒险，并设法找出机构所认为的"真正改善"是什么。但她并未得到明确的答案，只是被告知她给别人施加了"过度压力"，而对于她帮这些人多年来第一次承担起养家糊口的责任的这件事，却忽略不计。

布莱克急需这份工作，现在又面临失去工作的风险，于是她的一些朋友都试图在帮助她。一家备受尊重的精神科诊所的负责人写信给她的主管，称他听说布莱克小姐在福利客户中做了一些特别有效的工作，并询问她是否可以邀请布莱克到自己诊所的员工会议上讨论她的发现。结果，主管一口回绝了这个邀请。

在以上案例中，"贫困"游戏的规则是由机构设置的，它为 ITHY 的规则做了一个补充，使得工作人员和客户之间形成了一种默契，大致如下：

工作人员："我会试着帮你（只要你觉得仍没有好转）。"
客户："我会寻找工作（只要我不必找到）。"

如果一个客户逐渐好转起来并打破了协议，机构就失去了一个客户，客户也失去了他的福利，两者都感到受到了惩罚。如果像布莱克小姐这样的工作人员通过让客户真正找到工作打破了协议，机构就会因为客户的抱怨受到惩罚，这些抱怨可能引起当局的注意，而客户会再次失去了他的福利。只要双方都遵守隐含的规则，他们就都能得到想要的。

客户在收到他的福利后，很快就会明白机构想要的回报：一个"伸出援手"的机会（作为 ITHY 的一部分）以及"临床材料"（在"以客户为中心"的员工会议上提供）。客户很乐意满足这些需求，这么做会让他和机构都得到好处。因此，他们相处得很好，没有人想终止这种令人满意的关系。布莱克小姐实际上是"向内伸出"，而不是"向外伸出"了援手，并提议召开"以社区为中心"的员工会议，而不是

"以客户为中心"的会议。这令所有相关人士感到不安，尽管她只是遵从规定的意图。

这里应该注意两点。首先，"贫困"作为一个游戏，不是一种出于身体、精神或经济障碍而产生的状态，它只适合一小部分有福利需求的客户参与。其次，只有接受过ITHY训练的社工会支持这个游戏，其他工作人员则不太可能容忍这个游戏。

⌘ 关联

相关的游戏有"退伍军人"和"诊所"。"退伍军人"展示了同样的共生关系，这一次是退伍军人管理局、相关组织以及一部分"专业退伍军人"与残疾退役军人共享合法权益。"诊所"则是大型医院门诊部的一定比例的患者在玩。与玩"贫困者"或"退伍军人"的人不同，玩"诊所"游戏的患者不会获得经济报酬，但会得到其他获益。他们在医学人员的培训和疾病过程的研究中，愿意提供有益的社会服务。因此，他们有可能能从中获得"贫困"和"退伍军人"的玩家无法获得的合法的成人满足感。

⌘ 反命题

如有必要打破游戏，那么只需要剥夺这些福利。就像在大多数游戏中那样，这里的风险主要不是来自玩家自己，而是来自这个游戏在文化上的共鸣，和ITHY玩家的协调配合。威胁来自专业同事和被激发的公众，政府机构和保护工会。

展示反"贫困"的抱怨可能会引发一场强烈的抗议示威，如"是的，正是如此，那又怎样"，这些被视为健康、建设性的操作或消遣，实际上打击的是公正者的信心。事实上，整个美国的民主自由政治制度都是基于一种特许（这在许多其他形式的政府下都无法获得），是可以提出这个问题的。没有这样的特许，人道主义社会进步会受到严重阻碍。

四、乡巴佬

⌘ 命题

"乡巴佬"的原型是一位患有关节炎的保加利亚村民。她卖掉了自己唯一的奶牛以筹集资金去索非亚大学临床诊所就诊。在那里，经过教授的一番检查，发现她的病例非常有趣，于是教授把她的病例当成临床示范展示给医学院的学生。在这一过程中，教授不仅描述了病理、症状和诊断，还讲述了治疗方案。这让保加利亚村民敬畏不已。在她离开之前，教授给了她一个处方，并详细解释了治疗方法。她对他的学识深感敬佩，不由地说出了一句保加利亚赞美方言，相当于"哇，你真了不起，教授！"这样的话。然而，她其实并未兑现过这个处方。首先，她们的村庄没有药店；其次，即使有药店，她也绝不会让这样一张有价值的纸从她手中溜走。她也没有执行其他医嘱方案，如饮食、水疗等方面的治疗措施。她的生活一切如故，仍旧像以前一样被疾病困扰，但不同的是，现在的她很快乐，因为她可以向每个人讲述那位伟大的索非亚大学的教授为她开出的那妙手回春的治疗处方，并在每晚的祈祷中表达对他的感激之情。

多年后，这位教授怀着沉重的心情要去看一位富有却十分苛刻的病人，途中，他正好经过这个村庄。当那名保加利亚妇人冲出来亲吻他的手，并提醒他多年前为自己开出的神奇处方时，他才猛然想起了这个农民。他优雅地接受了她的敬意，当他得知自己的治疗方案竟给妇人带来这么大的好处时，他感到心满意足。实际上，他被这些赞美冲昏了头脑，以至于没有注意到那农村妇人仍然一瘸一拐地行走。

在社交场合上，"乡巴佬"游戏有无辜型和伪装型两种形式，都以"哇，你真了不起，穆尔加特罗伊德先生！"（Gee You're Wonderful, Mr. Murga Troyd！ 简称 GYWM）为口号。在无辜型的形式中，穆尔加特罗伊德确实了不起，他可能是一位著名的诗人、画家、慈善家或科学家。总有一些天真的年轻女性为了见他一面，而不惜长途跋涉，或者把他的不完美理想化。如果是更为成熟而有心计的女性，可能会故意接近这样的人并和他发展成恋人或婚姻关系，那么她会通过亲密关系了解他的弱点，甚至会利用这些弱点来得到她想要的。两种女人，或源于浪漫，或源于心计，但其无辜之处均在于她们对男人的非凡成就有着真诚的尊重，因此对他的成就也能够做出正确的评价。

而在伪装型的形式中，穆尔加特罗伊德可能真的了不起，也可能一点也不了不起，但无论如何他遇到的这个女性已经无法给予他真诚的欣赏了。也许她是一个高级妓女，十分善于扮演"柔弱的我"角色，使用"哇，你真了不起，穆尔加特罗伊德先生！"纯粹是为了奉承他，以达到自己不可告人的目的。在她的内心深处，她要么是为了唬住他，要么是在嘲笑他。但她其实并不关心他，她想要的只是和他在一起带来的额外利益。

在临床上，"乡巴佬"游戏也有两种类似的形式，口号是"哇，你真了不起，教授！"（Gee You're Wonderful Professor，简称 GYWP）。在无辜型的形式中，只要病人能相信 GYWP，她就可以保持健康，这就要求治疗师在公共和私人生活中都表现得体。在伪装型的形式中，病人希望治疗师会接受她 GYWP 的游戏邀约，并想："你的洞察力真是非凡。"（You're Uncommonly Perceptive，简称 YUP）。一旦她成功将他摆在这个位置，她就可以让他看起来很愚蠢，然后转向另一位治疗师；如果教授躲过了她的欺骗，反而可能真的能帮到她。

病人赢得"哇，你真了不起，教授！"游戏的最简单方法就是不康复。如果她十分恶毒，她可能会采取更积极的步骤让治疗师看起来更愚蠢。有一个女人与她的精神科医生玩 GYWP 游戏，但症状没有任何缓解，最后，她给医生留下了许多深表敬意和道歉的话就离开了他，然后，找到一个她深感敬佩的牧师寻求帮助，与他玩 GYWP 游戏。几周后，她成功引诱牧师陷入二阶段的"骚扰"游戏，然后在后院篱笆旁对邻居窃窃私语，说像布莱克牧师这样一个优秀的男人，竟然也有弱点，会向她这样一个无辜而缺乏魅力的女人大献殷勤，并表示这让她感到很失望。她说她认识他的妻子，所以可以原谅他，等等。当这个秘密被不小心泄露出来后，她才"惊恐地"想起来那个邻居正是教堂的长者。就这样，她通过不康复赢得了她的精神科医生；又通过诱骗牧师，赢得了他，尽管她不愿意承认这属于诱骗。但是，第二位精神科医生将她介绍给了一个治疗组，她无法像以前那样操控局面。然后，在没有 GYWP 和 YUP 填充的治疗时间里，她开始更仔细地检查自我的行为，并在小组的帮助下放弃了她的两个游戏——GYWP 和 YUP。

⌘ 反命题

治疗师首先必须确定游戏是无辜型的还是伪装型的，然后才能决定是否允许它继续进行，这才能在病人的成人自我意识足够成熟到可以冒险采取对策时，采取帮助。如果游戏并非无辜型的，那么在病人做好充分的准备来理解发生的事情之后，就可以在第一个合适的机会来临时采取对策。然后治疗师要坚决拒绝给予建议，当病人开始抗议时，他要明确表示这不仅仅是"严肃的精神病学"，而是一个深思熟虑的策略。过一段时间，他的拒绝可能会激怒病人，或者引发病人的急性焦虑症状。那么下一步做什么，就要取决于病人病情的恶性程度。如果她太烦躁，应使用适当的精神病学或分析程序处理她的急性反应，以重新建立治疗环境。在伪装型的形式中，第一个目标是将成人自我意识与虚伪的孩子自我意识分离开来，这样就可以分析游戏。

在社交场合，应避免与无辜的"哇，你真了不起，默加特罗伊德先生！"玩家深陷情感纠葛，任何聪明的演员经纪人都会对他的客户就这一点进行深刻的教诲。另一方面，如果能够从 GYWM 游戏中解脱出来，玩伪装型 GYWM 的女性往往很有趣，也很聪明，她们如果能摒弃这个游戏，可能会变成家庭社交圈中相当令人愉快的成员。

五、精神病学

⌘ 命题

必须把作为一种程序的精神病学和作为一种游戏的"精神病学"区别开来。根据科学出版物中呈现的可用的临床数据，以下方法在治疗精神病条件中是有价值的：电击疗法、催眠、药物、精神分析、正常心理治疗和团体治疗。还有一些不常用的方法，在这里将不予以讨论。任何一种方法都可以在"精神病学"游戏中使用，该游戏基于"我是治疗师"的立场，由证书作为支持："证书上说我是治疗者"。值得注意的是，在任何情况下，这都是一个建设性和仁慈的立场，而且从事"精神病学"游戏的人如果经过专业训练，可以对社会做出很大的贡献。

然而，如果治疗师适度地调整治疗的热情，可能会在治疗效果上有所增益。反对论点最早由安布鲁瓦斯·帕雷提出，他说："我虽治疗他们，但是上帝却治愈他们。"每个医学生都会信奉这个格言，以及其他拉丁语，如"primum non nocere"（前提是不伤害）和"vis medicatrix naturae"（自然的治愈力量）之类的短语。不过，非医学背景的治疗师不太可能接触到这些古老的告诫。"我是一个治疗者，因为证书说我是一个治疗者"这一立场可能成为一种障碍，这时可以用类似于"我将用我毕生所学去施治，希望它们会为你带来些许益处"来替代。这至少可以有效避免以下这种"既然我是治疗者，你没有康复，那就是你的问题"（例如，"我只是想帮你"）或"既然你是治疗者，我会为你好起来"（例如，"乡巴佬"）等类型的游戏的可能性。当然，每一个尽责的治疗师在原则上都清楚地知道这些，而每一个在知名诊所提出病例的治疗师都也一定会得到过提醒。那么，一个好的诊所就可以定义为一个让其治疗师了解这些事情的诊所。

另一方面，曾接受过能力欠缺的治疗师治疗的病人身上通常会发生"精神病学"游戏。例如，有些病人精心挑选能力较弱的精神分析师，从这个转到另一个，以证明他们无法被治愈，这一过程他学会了越来越高明的"精神病学"游戏；最后，即使是一流的临床医生也难以分清哪些是有价值的治疗，哪些是无效的。病人这方的双重交互是这样的：

成人自我状态："我来这里是为了治疗。"

孩子自我状态："你永远无法治愈我，你只会把我变成一个神经病（更好地玩'精神病学'游戏）。"

"心理健康"游戏的玩法与"精神病学"类似；这里的成人自我声明，"如果我应用我所读到和听到的心理健康原则，一切都会变得更好。"有一个病人从一个治疗师那里学会了玩"精神病学"游戏，从另一个治疗师那里学会了"心理健康"游戏，然后通过他的不懈努力，开始玩起了相当不错的"交互分析"游戏。就这个问题坦诚地与她讨论时，她同意停止玩"心理健康"，但请求继续玩"精神病学"游戏，因为这个游戏让她感到舒服。交互心理治疗师于是同意了。因此，她在接下来的几个月里，每周都会复述她的梦以及对它们进行解读。最后，可能出于朴素的感激之情，有趣的是她决定找出她真正的问题是什么。她对交互分析产生了真正的兴趣，结果收到了很好的疗效。

"精神病学"的一个变体是"考古学"（是由旧金山的诺曼·赖德医生命名的），在这个游戏中，病人采取的立场是，如果她能找出掌控按钮的人，那么一切都会变得恢复正常。这引发了她对童年事件的持续反思。有时，治疗师可能会被诱导进入一个"批判"游戏中，其中病人描述她在各种情境下的感觉，然后由治疗师告诉她哪些是错误的。"自我表达"是一种在某些治疗团体中常见的游戏，它基于"感觉是好的"这样一种教条。例如，使用粗俗脏话的患者可能会受到掌声，或至少得到一些含蓄的赞扬。然而，一个经验丰富的治疗团体很快就会识别出这是一个游戏。

治疗团体中的有些成员会变得非常擅长识别"精神病学"的游戏，并且很快就会让新的病人知道，他正在玩"精神病学"或"交互分析"，从而代替使用团体的程序来获得合法的洞察力。一位来自"自我表达"团体的成熟女性从一个城市转移到另一个城市，讲述了她童年时期的一段乱伦关系。她不厌其烦地一遍遍讲述这个故事，并期待每次讲述时人们都会充满兴趣，但是，这次她却遭到了冷漠，于是她恼羞成怒。她惊讶地发现，新的团体比起她的黑历史更关心她社会交互中的愤怒情绪，最后她愤怒地向他们抛出了她心中认为最能具伤害力的话：她指责他们不是弗洛伊德派的。当然，弗洛伊德本人对精神分析学更认真，他通过声明他自己并非弗洛伊德派来避免将其变成一个游戏。

近年，又出现一个新的"精神病学"游戏变体叫作"告诉我这个"，这有点类似于聚会消遣游戏，如"二十个问题"。怀特讲述了一个梦境或一个事件，然后其他成员，包括治疗师在内，都试图通过提问相关问题来进行解读。怀特对这些问题作答之后，每个成员又会继续新的提问，直到他找到一个怀特不能回答的问题。然后布莱克心满意足地坐回去，神情仿佛在说："哈，如果你能回答上来那个问题，你肯定会好转的，而我的工作也就到此为止了。"（这是"你为什么不——是的，但是"的远亲。）一些治疗团体几乎把所有精力都放在这个游戏上，并且可以持续很多年，但这并没有取得多少进展或让病人有所改变。"告诉我这个"给了怀特（病人）很大的发挥空间，例如，他虽然觉得这个游戏并没有什么疗效，但依然可以配合它；或者他可以通过回答所有提出的问题来反驳它，此时其他玩家的愤怒和失望很快就会显现出来，因为他把问题又抛回给他们了："我已经回答了你们所有的问题，但还没能治好我，现在你们还想怎样呢？"

"告诉我这个"也被应用在课堂教学上，学生们知道针对不同类型的老师所提出开放式问题，怎样回答才是"正确"答案，但这不是通过处理事实数据来找到的，而是通过猜测或第六感来确定哪种答案会让老师开心。在教授古希腊语时会出现一个学究式的变体游戏，在这个游戏中，教师占据上风，学生处于被动地位，灌输老师总归要比学生强这一观念，并且可以通过指向课本中的一些模糊特征来证明这一点。这个游戏也常常在教授希伯来语时出现。

六、愚蠢

⌘ 命题

在"愚蠢"游戏较轻的形式中，其主张是"我和你一起嘲笑我的笨拙和愚蠢。"然而，精神严重失常的人可能会以一种阴郁的方式进行，意思是，"我是很愚蠢，我就是这样，所以你能帮我做点什么。"这两种形式都发起于一种消沉的心理立场。"愚蠢"必须与"倒霉鬼"区分开，后者的立场更具侵略性，而"愚蠢"是为了得到原谅和宽恕。它也必须与"小丑"区分开，"小丑"不是一场游戏，而是一种消遣，它强化了"我既可爱又无害"的立场。"愚蠢"的关键交互是怀特让布莱克叫他傻子，或者表现出像傻子一样的回应。因此，怀特可以像"倒霉鬼"游戏中那样行事，只不过不需要请求宽恕。实际上，宽恕反而让他感到不安，因为宽恕威胁到了他的立场。或者他也可以表现出滑稽幽默，像个小丑一样，却丝毫没有戏谑的意思；他希望这样的行为能被当作真正愚蠢的证据，从而得到认真对待。此外，该游戏将有很大的外在获益，怀特了解得越少，玩得就越有效。因此，在学校，他不需要学习，在工作中，他也不需要费心去学习任何有关提升工作技能的东西。他从很小的时候就知道，只要他是愚蠢的，每个人都会对他降低要求，尽管有时也会有相反的意见。不过，当真正面临压力时，只要他决定挺身而出，他就能真的挺过来。于是人们才恍然大悟，原来他根本不愚蠢——他和童话故事中"愚蠢"的小儿子一样，一点也不蠢。

⌘ 反命题

对于该游戏的较轻形式，破解方法很简单，即通过不玩、不参与、不嘲笑他笨拙或怒斥他愚蠢，反"愚蠢"的玩家会找到一个终身的朋友。这个游戏的一个微妙之处是，它经常被躁郁症或躁狂抑郁症患者青睐。当他们乐观时，仿佛会真心希望同事们加入他们自嘲的笑声中。他们经常很难不这样做，因为他们给人的印象是，他们会怨恨一个弃权者，他们在某种程度上确实是这样，因为他弱化了他们的立场并破坏了游戏。但是当他们消沉的时候，他们对那些和他们一起笑或者嘲笑他们的人的怨恨暴露出来，弃权者知道他做得是对的。他可能是唯一一个在患者退缩时愿意留在房间里或与他交谈的人，而所有曾经享受游戏的前朋友现在都被当作敌人对待。

告诉怀特他并不愚蠢不是破解游戏的良方，因为怀特可能确实智力一般，并且对此深知不已，这正是游戏开始的原因。然而，他可能在某些特殊领域具有常人所没有的优势：一般来说，心理洞察力就是其中之一。对于这样的才能展示应予以尊重，并无害处，但这与笨拙的"安抚"是不同的。后者可能会给他带来些许满足感，让他意识到还有人比他更愚蠢，但这并不能给他带来多大的安慰，甚至还有一丝苦涩。这样的"安抚"显然并不是最聪明的治疗程序，只不过是"我只是想帮你"游戏中的一步。"愚蠢"的对立面不是替换另一个游戏，而是简单地避免玩"愚蠢"。

阴郁形式的破解是一个更为复杂的问题，因为阴郁形式的玩家试图引发的往往不是笑声或嘲笑，而是无助感或恼怒感，而且他对此已经做足了准备，使事态向着他谋划好的"帮我做点什么"发展，这样他无论如何都会赢。如果布莱克什么也不做，那是因为他感到无助，如果他做了些什么，那是因为他感到恼怒。因此，这些人也容易玩"你为什么不——是的，但是"的游戏，并从这种较为温和的形式中得到同样的满足。在这种情况下，没有简单的解决方案，除非这个游戏的心理动力得到更清晰的理解，否则也不太可能有一个合适的答案。

七、木腿

⌘ 命题

"木腿"游戏中最具戏剧性的形式是"精神疾病辩护"。

这可以转化为以下的交互形式："你们难道期望一个像我这样情绪混乱的人可以抑制杀人的冲动吗？"陪审团回答："当然不，我们绝不会对你施加那样的限制！"作为一种法律形式的游戏，"精神疾病辩护"，在美国文化中几乎得到了普遍的接受，但这与全世界所普遍遵从的原则不同。全世界普遍认为，一个人如果患有严重的精神疾病，那么但凡还有一丝理智的人都不会期望这样的人能对自己的行为负责。在日本，任何恶劣行迹都能以酗酒为借口逃避行为责任；在俄罗斯，战时军事服务也成了逃避各种恶劣行为责任的借口（以上信息来自笔者本人的经验）。

"木腿"游戏的核心是："你期待一个装着木腿（义肢）的人能做什么？"当然，话都说到这里了，自然没有人会期待一个装着木腿的人能做什么了，他只要能推好自己的轮椅就好了。然而，在第二次世界大战期间，就曾有一个装着木腿的人在军队医院的截肢中心表演过摇摆舞，而且相当熟练；我家乡的市长就是一位盲人，他起初从事律师工作，现在担任政治职务；我还听说有些聋人从事精神科医生的工作；失去双手的人还可以当打字员呢。

一个人或者确实有残疾，或者夸大了自身的残疾，甚至幻想自己有残疾，这是他的自由，别人都无权干涉。但是，一旦他寻求精神治疗，问题就来了：他是否正在尽其所能地利用他的优势，克服残疾对他的影响。在美国，治疗师与大量受过教育的公众舆论的意见是相左的。即使是那些曾因患者的残疾备受煎熬的亲人，在患者取得明显的改善时，他们也很有可能反过来攻击治疗师。这对游戏分析师来说不难理解，但这并没有使他的任务变得更容易。所有那些正在玩"我只是想帮你"的人都会因为患者的自暴自弃而感到威胁，因为患者暴露出的即将摆脱游戏的迹象表明，这个游戏马上要被打破。这时，他们甚至会采取令人难以置信的手段来终止患者的治疗。

在讨论"贫困"游戏中，所提到的布莱克小姐的那个口齿不清的帮扶对象的案例正可以对以上两种形式进行很好的说明，因为那个人玩的正是经典的"木腿"游戏。他找不到工作，并准确地将这归因于他的口齿不清，因为唯一让他感兴趣的职业正是销售员。作为一个自由的公民，他有自如选择职业领域的就业自由，但作为一个口吃者，他的选择就显得有些动机不纯了，至少会让人产生怀疑。当布莱克小姐试图打破这个游戏时，这个帮助机构立刻对布莱克小姐进行了制裁。

"木腿"在临床实践中尤其恶劣，因为病人可能找到一个玩同样游戏、用同样的理由进行干预的治疗师，导致无法取得进展。"意识形态借口"情境相对较普遍，患者会说："你期望一个生活在像我们这样的社会中的人能做什么呢？"一位患者就将这个与"身心疾病借口"结合起来："你期望一个身患身心疾病的人怎么样呢？"他找到很多位治疗师，但他们都表示只接受其中一个理由，而拒绝另外一个理由，因此他们既没有通过接受所有的借口使他在当前状态感到舒适，也没有通过拒绝所有的借口让他离开当前这个状态。由此，他证明了精神病学根本无法帮助人们。

患者常用头部受伤、环境压力、现代生活的压力、文化和经济体系等借口来为其病症和行为辩解。一个有文化背景的玩家非常容易为这些辩解找到权威的支持。"我喝酒是因为我是爱尔兰人""如果我住在俄罗斯或塔希提，这种事就不会发生"。事实上，俄罗斯和塔希提的精神病院的患者与美国州立医院的患者并没有什么不同。[1]"如果不是因为他们"或"他们让我感到失望"这种特别的借口在临床实践中——以及在社会研究项目中——应该予以非常仔细地评估。

稍微复杂一些的理由有：你期待一个①来自破碎家庭的人；②神经质的人；③正在接受分析的人；④正在患有被称为酒精依赖症的疾病的人能怎样呢？这些比起"如果我不这么去做，我就无法去分析它，那我就永远不会好起来"要来得高明一些。

"木腿"的反面是"人力车"，其论点是"如果这个镇上有人力车 / 鸭嘴兽 / 会说古埃及语的女孩，我就不会陷入这个困境。"

⌘ 反命题

如果治疗师能清楚区分他自己的父母自我状态和成人自我状态，如果治疗双方又都清楚地理解治疗目标，那么破解

"木腿"并不困难。

就父母自我状态而言，他可以是一个"慈祥"的父母自我状态，也可以是一个"严厉"的父母自我状态。作为一个"慈祥"的父母自我，他可以接受患者的辩护，特别是当患者的辩护与他自己的观点不谋而合时，也许他会找出类似这样的理由，即人们在完成治疗之前可以不对他们的行为负责。作为一个"严厉"的父母自我，他可以拒绝辩护，并与患者进行一场意志上的竞赛，看谁能坚持到底。这两种态度"木腿"玩家都已经十分熟悉，他知道如何从中获得最大的满足。

然而，在成人自我状态下，治疗师有可能会将这两种可能性都拒之门外。当病人问："你期待一个神经质的人（或者他正在使用的任何借口）能怎样？"他们会这样回答："我没有任何期望。问题是，你对自己有什么期待？"他唯一的要求是病人对这个问题给出认真的答复，他唯一的让步是给病人一个合理的时间来作答，可以是六周，也可以是六个月，这取决于他们之间的关系和病人之前的准备情况。

注释：

[1] Berne, E. "The Cultural Problem: Psychopathology in Tahiti", *American Journal of Psychiatry*, 116: 1076–1081, 1960.

第十一章　好游戏

　　心理治疗师是最佳、也可能是唯一能充分研究心理游戏的人，不幸的是，他们几乎把全部的精力用在与那些因游戏而导致困扰的人打交道上了。这意味着，所有被提供给临床研究的游戏在某种程度上都是"不好"的。而且，根据游戏的定义，所有的游戏都是建立在隐秘交互上的，因此，他们必然都带有一定程度的揭秘目的。由于这两个原因，前者基于实践，后者基于理论，寻找"好"游戏变得愈加困难。"好"的游戏可以描述为社会贡献超过其动机复杂性的游戏，特别是玩家并不是带着戏谑、轻蔑或犬儒主义的态度去表明其动机的。也就是说，一个"好"的游戏既可以让其他玩家感到舒适，又可以展现出游戏和玩家本人的贡献性。即使在最好的社会行动和组织形式下，人们依然会把大部分时间花在游戏上，因此，寻找"好"的游戏必须坚持不懈。这里提供了几个例子，但不可否认，无论在数量还是质量上都尚显不足。这些例子包括"假期的工作""骑士""乐于助人""朴素的智者"和"他们会因认识我而感到高兴"。

一、假期的工作

⌘ 命题

严格来讲，这个游戏更像是一种消遣方式，而不是游戏，而且显然它对所有相关的人来说都是具有建设性意义的。一位前往东京的美国邮递员在路上帮助一位日本邮递员工作，或者一位美国耳鼻喉专科医生在他的假期中在海地医院工作，他们很可能会觉得工作环境焕然一新，并迫切地想将新鲜的故事讲给其他人听，就像他们曾去非洲狩猎狮子或者驾车穿越大陆公路一样。"假期的工作"现如今已经得到世界和平组织的官方认证。

如果这项工作带着某种别有用心的动机，"假期的工作"就成为一种游戏，一种仅仅为了达成其他目的而被承担的表演。然而，即使在这种情况下，它仍然保持了其建设性的一面，即它为其他活动（也可能是建设性的）打了掩护。

二、骑士

⌘ 命题

这个游戏的玩家通常是那些遵从一夫一妻制或独身主义的成熟男性玩，偶尔也会有一些对婚恋状态较为满意的年轻男子参与进来。

怀特每次遇到心仪的女士，都会抓住一切机会来赞美她的优点，并且将夸赞限定在该女士所生活的地位、即时的社会情况和良好品味的需求以内。但在这些限度内，他可以充分发挥自己的创造力、热情和独创性。目标不是去诱惑，而是展示他在有效赞美的艺术中的精湛技巧。该游戏的内在社会获益在于，女性从这种无害的艺术中获得了乐趣，以及她对怀特高超的交往技巧的正面欣赏。在适当的情况下，如果双方都明白这个游戏的目的，它还可以以一种令双方越来越高兴的方式，延伸到更高阶的地步。当然，一个圆滑世故的男人，必然会知道什么时候停止才合适。他不会继续到这个游戏不再能给人带来乐趣的时候（出于对她的考虑），或者他赞美人的能力开始下降的时候（出于对他自己技艺的炫耀）。

"骑士"对于诗人来说，它的外在社交优势比起激发他们创作灵感的女士的回应来说，更为重要，甚至尤为重要。
诗人同样在乎受过良好教育的评论家和大众的欣赏，甚至
更甚。

在浪漫的欧洲和富有诗意的英国，人们似乎总是比美国
人更善于玩弄这种游戏。在美国，这种游戏很大程度上被
"水果摊"诗歌派占据：你的眼睛像鳄梨，你的嘴唇像黄瓜，
等等。水果摊类型的"骑士"风格，与赫里克和洛夫雷斯的
作品相比，甚至与罗切斯特、罗斯康蒙和多塞特这些愤世嫉
俗但富有想象力的作品相比都无法相提并论，它们总是缺少
一丝高雅。

⌘ 反命题

女人要出色地扮演好自己的角色，需要一些圆滑世故，
而她想要拒绝扮演这个角色，则需要极度的愠怒或愚蠢。正
确的应答是一种"哇，你真了不起，穆尔加特罗伊德先生"
（GYWM）的变体，即"我欣赏你的作品，穆尔加特罗伊德
先生"。如果女人比较呆板或者缺乏洞察力，她可能会简单
地回应为纯粹的 GYWM，但那就错过了要点：怀特所需要
被赞美的对象并不是他自己，而是他的诗歌。剧烈的破解方
法是愠怒的女人以二级"引诱"（走开，你这个混蛋）展开。
当然，如果女人并不聪明，她很可能会以一级"引诱"来接
受赞美，然后满足自己的虚荣心，而忽视怀特的创造力和能
力。总的来说，如果女人将其视为一种诱惑而不是一种文学

展示，那么这个游戏就会被破坏。

⌘ 关联

由于"骑士"是一种游戏，它必须与直接的求爱过程区分开来，后者是单纯的社交交互而没有其他动机。女性版"骑士"游戏被称为"谄媚（Blarney），这个游戏的玩家通常是大胆奔放的爱尔兰老年女性。

分析

目标：相互欣赏。

角色：诗人、受赞赏的对象。

社交范式：成年人之间的互动。

成人自我状态（男性）："看我能让你感觉多么好。"

成人自我状态（女性）："哇，你让我感觉很棒。"

心理范式：

孩子自我状态（男性）："看我能创造出什么样的词语。"

孩子自我状态（女性）："哇，你真有创意。"

获益：（1）内在心理层面——创造力和对吸引力的肯定；（2）外在心理层面——避免因不必要的性进展而遭到拒绝；（3）内在社交层面——"骑士"；（4）外在社交层面——这些可以被接受；（5）生物学层面——相互的抚摸；（6）存在主义层面——我可以优雅地生活。

三、乐于助人

⌘ 命题

怀特先生一贯乐于助人，但他总带有一些不为人知的动机。他可能是在为过去的恶行做补偿，也可能是在掩盖现在的恶行，或是为了日后方便利用而结交朋友，又或者是在寻求某种声望。然而，质疑怀特动机的人也不得不承认他的所作所为。毕竟，人们就是可以通过更加邪恶的罪行来掩盖过去的罪行，也可以通过恐惧而不是慷慨来利用他人，还可以通过邪恶的方式而不是善良的方式来寻求声望。一些慈善家关注的点往往是争强好胜而非慈善本身："我捐的钱（艺术作品、土地）比你多。"再次强调，即便他们的动机受到质疑，他们仍会因选择了正面积极的方式竞争而得到赞扬，因为有太多人的竞争方式太具破坏性了。大多数扮演"乐于助人"角色的人（或民族）既能结识朋友，又能招致敌人，可能两者对其的感情都有其合理之处。敌人会攻击他们的动机、贬低他们的行为，而朋友则会感激他们的行为并淡化他们的动机。因此，所谓的对该游戏的"客观"讨论几乎不存在。声称中立的人很快就会亮出他们真正的立场。

作为一种利用他人的手法，这个游戏构成了美国大部分"公共关系"活动的基础。但玩家乐于参与其中，这可能是商业游戏中最愉快、最具建设性的一种。另一方面，这个游戏最应受指责的形式之一是一个三人家庭游戏，在这个游戏中，父母争夺孩子的爱。然而，值得注意的是，选择"乐于助人"这一方式也在一定程度上消减了这种竞争的负面影响，因为有太多令人不悦的竞争方式可供选择，例如，"妈妈比爸爸病得更重"，或者"你为什么比爱我更爱他？"

四、朴素的智者

⌘ 命题

该游戏更像是一个剧本而非游戏，但它确实具有游戏般的特质。一位受过良好教育且见多识广的人尽可能地去学习自身职业之外的各种技能。当他到达退休年龄时，他卸下要职，从大城市搬到一个小乡镇。在那里，人们很快就知道了他，无论是发动机出现故障，还是与年迈的亲戚出现了矛盾纠纷，人们都可以去找他寻求帮助。如果他有能力解决，他一定会亲自帮助他们；如果他解决不了，他也会将其引荐给有资质的解决问题的专家。因此，他很快就在新环境中找到了自己的位置，成为一位"朴素的智者"，不矫饰，但总是愿意倾听。这个角色的最佳形式是由那些愿意花费时间去看精神科医生以检视自己的动机，并学习在扮演这个角色之前如何避免错误的角色扮演。

五、他们会因认识我而感到高兴

⌘ 命题

"他们会因认识我而感到高兴"是"我会让他们展示自己"的更有价值的变体。"我会向他们展示自己"有两种形式。在破坏性的形式中，怀特先生通过对他们造成伤害来"给他们展示"。因此，他可能会将自己操纵到一个优越的位置，不是为了声望或物质回报，而是因为这给了他行使怨恨的权力。在建设性的形式中，怀特先生努力工作并竭尽全力获得声望，不是为了精进技艺或取得正当的成就（尽管这些可能起到次要的作用），也不是为了对他的敌人造成直接的伤害，而是为了让他们嫉妒和后悔，当初为什么没有对自己好一点。

在"他们会因认识我而感到高兴"中，怀特先生不是在对抗，而是在为他以前的合作伙伴谋利益。他想向他们展示，他们应该友好而尊重地对待他，并向他们证明，哪怕是为了他们自己的利益，也应该明白这么做才是正确的。他为了在这个游戏中稳稳地赢，必须采取光明正大的手段和目标，这就是它比"我会让他们看看"更具建设性意义的地方。"我会让他们看看"和"他们会因认识我而高兴"可以都只是成功的次级获益，而不是游戏。当怀特先生对敌人或朋友的影响比对成功本身更感兴趣的时候，它们就成了一种游戏。

第三部分　游戏背后

第十二章　游戏的意义

1.游戏是代代相传的。任何人喜欢的游戏都可以追溯到他的父母和祖父母身上，并且他还能继续传给他的孩子；相应地，除非受到某些干预，否则他们还将把这些游戏传给他的子子孙孙。因此，游戏分析发生在一个宏大的历史矩阵中，可以明确地追溯到一百年前，并可以准确地预测到未来至少五十年。涉及五代或更多代人的这个链条一旦被打破，可能会产生几何倍数的效果。许多在世的人有超过两百个后代，游戏可能会从一代人传到另一代人时被淡忘或改变，即便同一家族的后代所玩的游戏已经有所偏差，但这些游戏变体之间依然存在强烈的内在关联性。这正是游戏的历史意义。

2."养育"孩子基本上是一个教他们玩什么样的游戏的过程。不同的文化和不同的社会阶层倾向于不同类型的游戏，各种部落和家庭倾向于这些游戏的不同变体。这就是游戏的文化意义。

3.游戏好像是夹在消遣和亲密之间的。重复的消遣活动和宣传性的鸡尾酒会都会让人感到厌倦。亲密需要严格的谨慎，而父母、成人和孩子三种自我状态都对其持排斥态度。社会反对公开的坦诚，但允许私下里坦诚；明智的意识到，坦诚总会被滥用；孩子自我状态唯恐它会揭露真相而惧怕它。因此，为了摆脱消遣的厌倦感，又不让自己面临暴露亲密关系的危险，大多数人都会选择游戏作为折中的态度，因为这些游戏填满了社交过程中更多有趣的时光。这就是游戏的社会意义。

4.人们会选择和自己玩同样游戏的人作为朋友、同伴和亲密的人。因此，在特定的社交圈子（如贵族、少年帮派、社交俱乐部、大学校园等）中的"重要人物"，他们的行为方式可能会让不同社交圈子的成员觉得陌生。相反，任何改变了游戏的社交圈子的成员都可能会被排斥出去，但他会发现自己在其他的社交圈子中受到欢迎。这就是游戏的个人意义。

⌘ 说明

读者现在应该能够理解数学和交互游戏分析之间的基本区别了。数学游戏分析假设玩家是完全理性的，而交互游戏分析则处理那些非理性的，甚至是不合理的游戏，因此更为真实。

第十三章　游戏的参与者

往往心理受困的人最为热衷这些游戏；通常来说，他们的心理问题越严重，玩游戏的态度也就越认真。然而，奇怪的是，一些精神分裂症患者似乎拒绝玩游戏，并且他们从一开始就要求坦诚。在日常生活中，两类人群玩游戏最为积极：一个是愤怒的"丧气鬼"（Sulks），另一个是"混蛋"和"老顽固"（Jerks or Squares）。

愤怒的"丧气鬼"往往是对母亲怀有怨恨的人。在调查中发现，他从早年儿童时期就对母亲怀有怨恨。他通常有很好的"孩子自我状态"来解释他的愤怒：可能在他童年的某个关键时期，母亲因生病住院而"抛弃"了他，或者母亲生了太多的兄弟姐妹，让他认为自己被"抛弃"了。有时，这种抛弃更为明显，如母亲可能为了再婚而把他送走。不管怎样，他一直以来都为此愤愤不平。他不喜欢女人，但这不妨碍他变成一个情场浪子。由于这种气氛在最初是有意为之的，因此生气的决定可以在生活的任何阶段被撤销，就像孩子一到了吃饭时间就不再发脾气一样。成年人撤销生气的条件和小男孩是一样的。他必须保全面子，还必须获得一些有价值的东西，以换取生气的权利。有时，一场可能持续几年的"精神疗法"游戏可以通过撤销生气来终止。这需要患者进行细致而充分的准备，以及正确的时间和方法。治疗师的笨拙或欺凌行为不会让一个生闷气的小男孩停止生气。从长远来看，患者会因治疗师的处理不当而"回报"他，就像小男孩最终会"回报"并不称职的父母一样。

对父亲怀恨在心的女性"丧气鬼"情况是一样的，当然，细节上发生了一些改变，比如她们所愤恨的是自己的父亲。她们的"木腿"游戏（"你能期待一个有这样父亲的女人能怎么样？"）必须由男性治疗师以更具策略的方式处理。否则，他有可能被患者当成"像我父亲一样的男人"而遭摒弃。

至于"混蛋"和"老顽固"，每个人都或多或少有一点，游戏分析的目标是将其降至最低。"混蛋"对父母自我状态过于敏感，因此，他的成人自我状态的数据处理能力和孩子自我状态的自发性可能在关键时刻受到干扰，导致不适当或笨拙的行为出现。在极端情况下，"混蛋"极有可能会融入谄媚者、炫耀者和依赖者之中。"混蛋"不应被误认为是困惑的精神分裂症患者，后者几乎丧失了父母自我状态的功能，也很少有成人自我状态的功能，所以他们必须以一个困惑的孩子自我状态来应对世界。有趣的是，通常来说，"混蛋"这个词只用来形容男性，或者在极少的情况下用来形容女性中具有男子气概的人。至于"老顽固"则比"混蛋"更为守旧，因此这个词通常是保留给女性使用的，但偶尔也用来形容有些女性倾向的男性。

第十四章　范　例

请思考以下女性患者（P）和治疗师（T）之间的对话：

P："我有一个新项目 —— 准时。"

T："我会尽力配合的。"

P："我并不在乎你的想法。我是为了我自己……猜猜我历史考试得了多少分！"

T："B+。"

P："你是怎么知道的？"

T："因为你害怕得 A。"

P："对，我原本得了一个 A，但我又仔细检查了我的试卷，把三个正确的答案删掉了，换成了三个错误的。"

T："我喜欢这种对话。没有任何'混蛋'的影子。"

P："你知道，昨晚我在想我已经取得了多大的进步。我估计现在我只有 17% 的'混蛋'成分。"

T：“嗯，就今天早上来说，你完全没有‘混蛋’，所以下一轮你有资格获得 34% 的折扣。”

P：“这一切都始于六个月前，那时我在观察咖啡壶时，真正意识到了它的存在。你知道现在我是怎么样的，我听到了鸟儿在歌唱，我看到了人们真实存在的模样，最好的是，我就在他们其中。我不仅在那儿，也在这儿。有一天我站在艺术画廊里看一幅画，一个男人走过来说：‘高更的作品很棒，对吧？’于是我说：‘我也喜欢你。’然后我们出去喝了一杯，他是个非常好的人。”

这是两位自主的成人自我状态间的一个无做作、无游戏的对话，可以进行以下分析：

“我有一个新项目 —— 准时。”这个声明是在事实发生后提出的。患者的症状是习惯性迟到，但这次她没有。如果准时是一个决议、一种“意志力”的体现，是父母自我对孩子自我的压迫，只是为了被打破，那么它会在事实发生前被宣布：“这是我最后一次迟到。”那将是设立一个游戏的开始。但她此时的声明并不是。它是一个成人自我做出的决定，一个目标，而不是喊口号。病人将继续保持准时。

“我会试着合作的。”这不是一个“支持性”的声明，也不是新的“我只是想帮你”游戏的开端。患者的治疗时间在治疗师的休息时间之后。由于她习惯性地迟到，治疗师也养成了慢悠悠的习惯，总是回来得很晚。当她做出声明时，他知道她是认真的，于是治疗师也做出了自己的声明。这个交易是一个成年自我状态下的契约，他们俩都遵守了，而不是一个孩子在挑逗一个由于自己的地位感到被迫要成为"好爸爸"的父母形象，并说他会配合。

"我不在乎你。"这强调了她的准时是一个决定，而不是一个作为伪合作游戏的一部分的决议。

"猜猜我考了多少分。"这是一个大家都知道并乐于参与的消遣。没有必要再次告诉她这是一个消遣来证明自己有多警觉，因为这是她已经知道的事情，她也没有必要因为它是一个消遣而不参与。

"B+。"治疗师认为在她的情况下，这是唯一可能的成绩，没有理由不这样说。虚假的谦虚或者害怕错误答案的恐惧可能会导致他假装自己不知道。

"你怎么知道的？"这是一个成人自我状态下的提问，不是一个"哇，你真棒"的游戏，它应得到一个相关的答案。

"是的，我得了一个 A。"这是真正的测试。患者并没有用理智化或借口来让自己消沉，而是直接面对自己的孩子自我状态。

"我喜欢这个对话。"这句话和接下来的一些半娱乐性的话是他们两人对彼此互相尊重的表达，可能还带有一些"父母自我状态—孩子自我状态"间的消遣，这再次表明对他们两人来说都是可选的，他们两人也深知这一点。

"我真的第一次看到它。"她现在有权拥有自己的认知方式，不再有义务按照父母告诉她的方式去看咖啡壶和人。"我就在他们其中"，她不再生活在未来或过去，但如果这有助于实现什么目的，她可以简短地予以讨论。

"我说：'我也喜欢你。'"她没有义务花时间和新来者一起玩"艺术画廊"游戏，尽管她可以选择这样做。

从治疗师的角度来看，他不觉得有义务去玩"精神疗法"游戏，并且还有几次机会提出防御、移情问题和象征性的解释，但他选择自然而然地放过这些问题。然而，为了以后参考，似乎有必要确定她在考试中删去了哪些答案。可惜的是，在余下的时间里，患者身上剩下的17%的"混蛋"和治疗师身上剩下的18%"老顽固"有时会显露出米。总的来说，以上的过程构成了一个带些许消遣意味的启示性活动。

第十五章　自主性

自主性的实现体现在三个能力的释放或恢复上：意识、自发性和亲密。

一、意识

意识意味着以自己的方式去观察咖啡壶，聆听鸟儿歌唱，而不是以别人教导的方式。有充分的理由认为，对于婴儿和成年人来说，视觉和听力是不同的，生命最初的几年更多的是审美感受，而不是理性思维。[1]一个小男孩在看到和听到鸟儿时会表现得十分兴奋。然后，"称职的爸爸"会闻声走过来，认为自己应该"分享"自己的体验，帮助儿子"成长"。他会指着鸟儿们告诉儿子："那个叫松鸦，这个是麻雀。"当小男孩开始关心哪个是松鸦，哪个是麻雀的时候，他就再也看不到鸟儿，听不到它们的歌唱了。他学会了用父亲教给他的方式感受他们。对于父亲来说，他认为自己的做法毋庸置疑，因为很少有人能够有闲情逸致去听鸟儿歌唱，对小男孩来说，最重要的是借机施展"教育"，而且越早越好，说不准他长大后就会成为鸟类学家。最终，只有少数人保留了儿时的感知方式，而大多数人类成员都已经失去了成为画家、诗人或音乐家的能力，因为没有什么机会可以让他们直接感知，即使他们有这个条件，他们也必须间接地去感知。这种儿时的直接感知能力，在这里被称为"意识"。生理上讲，意识是一种清晰而生动的感知，与生动的图像相联系。[2] 也许有些人（至少在某些个体中）在味觉、嗅觉和运动感觉的领域也存在生动的感知，这些人往往成了某些领域的艺术家，如厨师、调香师和舞蹈家。这些人同样面临一个永恒的问题，那就是找到能够欣赏他们作品的观众。

意识需要活在此时此刻，而不是在别处、过去或未来。一个很好的说明美国人在生活中是否具备意识的例子是，早晨匆匆赶时间上班。判断是否具备意识的决定性的问题是："当身体在这里的时候，你的心在哪里？"这有三种常见的情况。

1.最关注准时的人往往是最远离现实的人。当他的身体坐在车里驾驶时，他的心已经飘在办公室的门口了，他对自己的周围环境几乎一无所知，除非这些环境成为他的身体追赶他的心灵的障碍。这就是所谓的愚蠢者，他最关心的是老板会怎么看他。如果他迟到了，他会特意表现得气喘吁吁，这是顺从的孩子自我状态在掌控，他玩的游戏是"看我多么努力"。在他驾驶的过程中，他几乎完全缺乏自主意识，作为一个活生生的人，他实际上还不如一个死人。这很有可能是高血压或冠心病发病的诱因。

2. 另一方面，脾气暴躁的人往往不会那么关心准时，但他们总是在为迟到找各种各样的借口。事故、一路红灯以及其他人糟糕的驾驶技术或愚蠢行为都纳入他的借口列表，然后背地地期待着这些事情会发生，从而迎合他反叛的孩子自我状态，然后堂堂正正地和父母自我状态玩"看他们逼我做了什么"的游戏。除了出现在他游戏中的事物以外，他对周围的环境也毫无所知，因为他的躯体只有一半是活着的，尽管身体在车里，但他的心却在四处搜寻那些污点和不公正的事情。

3. 不那么常见的是"天生驾驶者"，对他来说，驾驶汽车是他最喜欢的科学和艺术的结合。当他熟练地穿梭在道路上时，他与他的车将完全地合二为一。他对周围的环境也一无所知，除非周围事物和环境能让他的车技得以很好的展现，仅此而已。这种车技本身就是其回报，但他对自己和他所操控的车子非常清楚，这让他感觉到自己是活着的。这样的驾驶形式是成人自我状态的消遣，他的孩子自我状态和父母自我状态也可能从中得到满足。

4. 第四种情况是那些拥有自我意识的人，他们并不会让自己陷入匆忙，因为他们正在与当下的环境一起活着：如天空和树木，以及他的感觉。匆忙意味着忽视了周围的一切，只关注路上看不见的东西，或者只关注障碍，或者只关注自己。一个中国人准备上地铁，这时他的朋友指出他们可以乘坐快车从而节省二十分钟，于是二人这样做了。当他们在中央公园下车时，中国人一屁股坐在了长椅上，这让他的朋友感到惊讶。中国人解释说："既然我们节省了二十分钟，那我们就可以坐在这里惬意地享受这二十分钟的闲暇，感受周围的一切。"

具备意识的人是活着的，因为他知道自己的感觉，知道自己在哪里，知道现在是什么时候。他知道死后树木仍会在那里，而他却再也看不到了，所以他现在就想尽可能深刻地感受它们。

二、自发性

自发性意味着选择，自由选择，表达自己的所有感受（父母自我状态的感受、成人自我状态的感受和孩子自我状态的感受）。这意味着解放，从强迫性游戏中，那种被教导的感觉中解放出来。

三、亲密

亲密意味着一个有自我意识能力的人的自发的，没有游戏困扰的坦诚，以及生活在此时此刻的生动的感知，未经破坏的孩子自我的天真得到彻底解放。实验 [3] 表明，清晰而生动的感知能引发感情，坦诚能调动积极的感情，甚至还有所谓的"单向亲密"出现——这是一个众所周知的现象，尽管名字有所出入。职业诱惑者往往能够在自身不参与的情况下捕捉到同伴的情绪和感受。他们鼓励其他人正视他们的眼睛，无拘无束地谈话，与此同时，男性或女性诱惑者只需要逢场作戏，就可以做到独善其身。

因为亲密实质上是孩子自我状态下的一种与生俱来的能力（尽管掺杂了复杂的心理学和社会学要素），因此在没有被游戏干预的情况下，它往往会变得更好。通常来说，人们在逐渐适应父母自我状态的过程中会破坏掉它，最不幸的是，这几乎是普遍的现象。但直到它们被破坏前，大多数婴儿似乎都是可爱的 [4]，这是亲密的本质，也正是实验研究所显示出来的。

注释：

[1] Berne, E. Intuition Ⅳ : Primal Images & Primal Judgments, *Psychiatric Quarterly*, 29: 634–658, 1955.

[2] Jaensch, E. R. *Eidetic Imagery*. Harcourt, Brace. New York, 1930.

[3] 旧金山社会精神病学研讨会所做的这些实验仍处于试验阶段。就如同运用色谱分析法或红外分光光度法进行有效实验，沟通分析的有效实验也需要特殊的训练和经验。区分游戏和消遣，并不比区分恒星和行星容易。详见：Berne, E. The Intimacy Experiment : *Transactional Analysis Bulletin*, 3: 113, 1964; More About Intimacy. ibid. 3: 125, 1964.

[4] 由于被感染或饱受饥饿之苦（消瘦症，某些绞痛），有些婴儿没有机会锻炼感知能力。

第十六章　获取自主性

从出生开始，父母就有意识或无意识地教导他们的孩子如何行为、思考、感觉和感知。从父母的这些影响中解放出来并不容易，因为它们已深深地烙印在我们的心中，并在人生的前二三十年成为生物学和社会学意义上生存的必要手段。当然，这样的解放是有可能发生的，当个体开始处于一个自主的状态时，也就是说，具有自主意识、自发性和亲密的能力，并且能够自主选择接受父母教导的能力。在早年生活的某些特定时刻，他就决定了如何去适应它们。正因为他的适应性本质上是一系列可以改变的决定，所以它可以随时被撤销，在一切有利的前提下，任何决定都是可以逆转的。

因此，获得自主性，就是推翻在第十三、十四、十五章中讨论的所有那些不相关的事情。并且这样的推翻永远没有终点：为了不再回到起点，这将是一场旷日持久的战斗。

首先，如第十三章所讨论的，必须学会将整个家族或家庭的历史传统所带来的重压卸除，就像玛格丽特·米德在新几内亚所研究的那些村民的情况一样 [1]；其次，必须摆脱个人父母、社会和文化背景的影响。与之同样，也必须抵制来自广大社会的要求，并最终放弃部分或全部的既有的社交圈子所带来的获益。

再次，如第十四章所述，必须放弃"丧气鬼"或"混蛋"游戏中的所有满足和奖赏。在此之后，个体必须获得个人和社会的控制，以便所有在附录中描述的行为类别（除梦境外）都只受他的意愿制约，成为自由选择。

最后，他就准备好进行无游戏的人际关系，如第十五章中的范例所示。到了那时，他的自主能力才可能得以发展。从本质上讲，这整个准备过程就是从父母（和父母自我的所有形态的影响）那里友好地剥离，这样人们依然可以对其进行偶尔地愉悦地拜访，但不再受他们的支配了。

注释：

[1] Mead, M. *New Lives for Old*. Gollancz, 1956.

第十七章　游戏之后是什么？

　　本书的第一部分和第二部分描绘了人性当中的一些阴郁的画面，这告诉我们人类的一生就是一个不断地填补时间的过程，直到死神或圣诞老人的到来。在这漫长的等待中，如果可以进行选择的话，会发现可进行交互的种类十分有限。纵然人们对此早已司空见惯，但它绝非最终答案。对于某些幸运的人来说，有些东西超越了所有的行为分类，那就是意识；有些东西超越了过去所有的程序，那就是自发性；还有些东西比游戏更有获益价值，那就是亲密。但这三者对于那些未经准备的人来说可能是可怕的，甚至是危险的。也许他们安于现状就很好，即按照约定俗成的社交技巧找寻解决方案，从而获得"归属感"。这可能意味着人类作为一个整体将失去希望，但对于人类的个体成员来说，希望大有可图。

附　录

行为的分类

在任何给定的时刻，一个人会参与以下一种或多种的行为类别：

类别1：内部程序化行为（原始心理）。自我中心的行为。

顺序：

（1）梦境。

（2）幻想。

包括：①额外的幻想（如愿以偿）。

②自我中心的交互，未适应。

③自我中心的交互，已适应（带有新心理程序化）。

（3）人格解离。

（4）妄想行为。

（5）不自主行为。

包括：①抽搐。

②神态。

③失误。

（6）其他。

类别2：概率程序化（新心理）。经过现实检验的行为。

顺序：

（1）活动。

包括：①职业，行业等。

②体育，爱好等。

（2）程序。

家族：①数据处理。

②技术。

（3）其他。

类别3：社会程序化（部分外在心理）。社会行为。

顺序：

（1）仪式和庆典。

（2）消遣。

（3）操作和策略。

（4）游戏。

子类别：①专业游戏（三角交互）。

②社交游戏（双重交互）。

（5）亲密。

在这个体系中，前面讨论过的社交游戏将被归类为：类别3，社会程序化；顺序（4）游戏；子类别②，社交游戏。

亲密，是最后一个分类，是无游戏生活的一部分。

读者可以自由地对以上的分类进行评论（但请不要嘲笑或讥笑）。列出这个分类并不是因为作者对其爱不释手，而是因为它比现在使用的其他系统更具功能性、更真实、更实用，尤其对那些喜欢或需要分类的人来说是有帮助价值的。